PETIT TRAITÉ DE LA JOIE

Dans la même collection

forum

Salvator

Gaston PIETRI, *Pourquoi je suis croyant*
Jacques LECAILLON, *Faut-il stopper la croissance ?*
Didier LONG, *Manuel de survie spirituelle dans la globalisation*
Thibaut DARY, *Manifeste pour un christianisme engagé*
Michel AUPETIT, *L'Embryon, quels enjeux ?*
Antoine SONDAG, *La Solidarité, chemin de spiritualité*
Jacques LECAILLON, *Foi et Business Model*
Jacques ARNOULD, *Requiem pour Darwin*
Jean BOISSONNAT, *2029 ou Comment j'ai traversé trois siècles en cent ans*
Michel LEPLAY, *La Foi que j'aime le mieux*
Fabrice HADJADJ, *La Foi des démons ou l'athéisme dépassé*
Jean-Marie PETITCLERC, *Pour en finir avec les ghettos urbains*
Hélène et Jean BASTAIRE, *Pour un Christ vert*
Alain CUGNO, *De l'angoisse à la liberté. Apologie de l'indifférence*
Hélène et Jean BASTAIRE, *La Création, pour quoi faire ?*
Gaston PIETRI, *Qui est l'homme ?*
Jean BASTAIRE, *Éloge de la fidélité au temps de l'éphémère*
Jean-Michel CASTAING, *Pour sortir du nihilisme*

Martin Steffens

PETIT TRAITÉ DE LA JOIE

Consentir à la vie

SALVATOR
103, rue Notre-Dame-des-Champs
F-75006 Paris

(2e édition, mai 2011)
Yves Briend Éditeur, S.A.
103, rue Notre-Dame-des-Champs F-75006 Paris
www.editions-salvator.com
contact@editions-salvator.com

Maquette intérieure : Atlant'Communication
Maquette de couverture : Isabelle de Senilhes

ISBN : 978-2-7067-0775-9
ISSN : 1960-3061

LA QUESTION PRIMORDIALE

L'originaire passivité

Chacun de nous ressemble à cet homme que les douze coups de midi auraient brutalement tiré d'une longue rêverie. Ignorant combien de temps a duré son rêve, l'homme entreprend le décompte des coups. Mais est-il bien sûr d'en avoir entendu le premier ? Lequel en effet l'a soudain éveillé ? Et si ce n'est le premier, comment s'y retrouver ?

Il est un coup qui échappe à tout homme : son coup d'envoi. On arrive sur les lieux de sa vie comme sur les lieux d'un crime : toujours trop tard. Chacun est mis au monde avant d'avoir pu choisir ou décider quoi que ce soit. On reçoit la vie sans l'avoir demandée.

C'est là l'offense première : l'honneur d'un homme est d'être libre. Mais voilà que sa propre vie, originellement, s'impose à lui. Offense irréparable aussi : car à la différence d'un cadeau encombrant, nous ne sommes rien en dehors de ce don. Le refuser, c'est se refuser à lui – c'est refuser de vivre. Or il faut bien l'admettre : il est des jours où l'on s'abstiendrait bien d'être né. L'occasion d'une si triste pensée peut être anodine. Pas besoin d'être Job pour souhaiter que s'abîme dans le néant le jour de sa naissance. La vie, maintes fois, nous rappelle que nul n'a voulu en être. Il nous la faut porter, cette vie, comme un habit qu'on n'a pas choisi. Ses dimensions sont étroites, ou larges, ses couleurs trop vives ou trop ternes : chacun s'emploie à trouver la contenance qui lui rendra cet habit un peu plus avantageux. Cela s'appelle « apprendre à être heureux ». Rien n'est moins gagné d'avance. Et quand cela semble même tout à fait perdu, notre agacement, notre colère, notre dépit ou notre désespoir n'ont qu'un cri, venu du fond des temps : « Pourquoi moi ? »

« Chienne de vie ! » dit-on aussi. Pourquoi s'en prendre à la vie ? En se donnant à chacun, ne nous a-t-elle pas donné aussi les moyens de nous y trouver bien ? La vie est force, mobilité, conscience, intelligence : notre tort n'est-il pas de ne pas porter chacun de ces dons à leur excellence ? En insultant la vie, c'est à l'offense première qu'on répond. Admettons qu'on reçoive les moyens de son bonheur, il reste qu'on n'a pas choisi de les recevoir. Qu'on n'a pas même eu le loisir de les refuser. On se retrouve là, « posé dans l'être avant de pouvoir poser volontairement aucun acte[1] . » Personne n'a choisi de croître dans le ventre maternel, de s'y voir ficher d'une colonne vertébrale ou d'un larynx. Personne ne décide de venir au grand jour, d'y trouver, ou de n'y trouver pas, des bras pour l'accueillir. Ce n'est pas par un libre décret que, plus tard, les dents de lait déchireront la chair de l'enfant. Le bébé, les joues rosies par la douleur, regarde entre deux pleurs l'adulte, comme pour lui demander : qu'est-ce donc que cette vie qui se fait en moi, par moi mais surtout *sans moi* ? L'adulte ne sait que répondre : lui-même est le produit de cette « volonté involontaire[2] », de cette vie qui l'anime sans être vraiment sienne.

C'est donc cela : je suis à moi-même une surprise. Non point une surprise par derrière. Pire : c'est par dedans que je suis surpris. Ma propre vie est quelque chose qui ne m'est pas d'abord propre : elle est quelque chose *qui m'arrive*. D'autant plus étrangère qu'elle n'est pas autre chose que moi-même. Au soir de retrouvailles familiales, je regarde les photos vieillies :

---

1. Paul Ricœur, *Philosophie de la volonté*, tome I, « Le volontaire et l'involontaire », Paris, Aubier, 1950, p. 407.
2. Nietzsche, *Par-delà bien et mal*, § 24.

j'identifie cet enfant comme étant celui que je fus. Mais je ne m'y reconnais pas. Les premiers mots de mon histoire, ce n'est pas moi qui les ai prononcés.

Nous sommes tous des accidents

Ce nom que je porte, par exemple, que dit-il de moi ? Ou, pour poser la question de façon radicale : *me dit-il ?* Le nom, dans la tradition biblique, désigne l'âme d'un être, son essence singulière, sa présence réelle. Invoquer par exemple le nom de Dieu, pour le bénir ou le sanctifier, c'est rendre effective sa présence. Aussi le peuple d'Israël a-t-il frappé d'interdit la prononciation d'un tel nom : si le nom dit la présence, il faut se garder de l'illusion qu'il donne d'une trop grande proximité. Dieu, de même, « appelle chacun par son nom » : non pas son nom de famille, son nom d'usage, son matricule administratif. Ce par quoi Dieu appelle chacun, c'est un nom encore inconnu de celui-là même qui le porte, un nom qui met chacun en chemin vers lui-même parce que ce nom désigne ce que je suis en propre. On pourrait d'ailleurs appeler cela : mon nom *propre*.

Mais qui possède ici-bas un tel nom ? Celui que je porte est celui de mon père, lequel l'avait reçu de son père, et ainsi de suite. Rien, en tout cas, qui nomme ma présence unique, mon essence singulière. Quelle déception de découvrir, en tapant mes nom et prénom sur un moteur de recherche, combien j'ai d'homonymes ! Je n'ai donc, au mieux, qu'un « prénom », comme l'on parle d'un « pré-jugé » : chacun de nous a été nommé avant d'être connu. Chacun a été pré-nommé comme d'autres font l'objet de pré-jugés. L'âme singulière de chacun est comme enfouie sous des mots qui la disent mal. Et chacun, selon le mot de Simone Weil, crie pour être lu autrement.

Dans cet ordre d'idées, il n'est pas absurde de penser que tous, nous sommes des accidents. Tous ? Même ceux qui furent désirés par leurs parents et ont échappé au traumatisme de s'entendre dire que leur existence est une erreur, parce qu'ils n'étaient ni prévus ni attendus ? Accidents, nous le sommes *tous* dans la mesure où même l'enfant désiré n'a pas pu être désiré en tant que ce qu'il est : ce ne peut être moi, tel que je suis au plus profond de mon être, que mes parents ont voulu mettre au monde. Car que savaient-ils alors de ce que je suis ? Que connaissaient-ils de ce que je deviendrais ? « Attendre un enfant », c'est attendre de lui qu'il soit *sage comme une image*, celle que ses parents se sont faite de lui, celle qui le précède et à quoi il peinera à ressembler.

Bien sûr, il y a des pères et des mères qui ne se font aucune image de l'enfant qui vient. Ils ne désirent pas avoir tel ou tel enfant, mais seulement *un* enfant, sans que l'imagination n'ajoute rien à cette détermination minimale. Mais on n'en est pas moins accident : car quoiqu'ils ne m'aient pas préjugé, ou plutôt *précisément à cause de cela,* dans cette ouverture à tous les possibles, ce n'est pas *moi* qu'ils ont désiré. Par quelque bout qu'on prenne la chose, le résultat est donc le même : nul n'était attendu. Tous, selon la formule de Cioran, « nous avons chu dans un nom[1] ».

Pessimisme de raison

La thèse pessimiste, qu'on croit venir d'un mal de vivre chronique ou d'une fragilité psychologique, peut ainsi être philosophiquement fondée. Pour la liberté humaine, l'existence est un mal : il lui manquera toujours d'avoir été voulue. Un tel défaut est scandaleux : l'homme,

---

1. Émile Cioran, *De l'inconvénient d'être né,* Gallimard, « Folio », 1987, p. 20.

par essence avide de liberté, tente de réduire à sa portion congrue la part de sa vie qui échappe à sa volonté. Le moine bouddhiste se rase la tête : le poil, qui pousse sans que la volonté de l'homme y ait aucune part, symbolise ici la *pulsion*, désir, instinct, appétit de vivre : toutes choses qui poussent en l'homme malgré l'homme, toutes choses qu'il entreprend d'éradiquer afin d'être libre. La voie occidentale fut plus douce : non point raser la tête mais coiffer le cheveu. Le désir, l'appétit, la pulsion, même dans leurs aspects les plus brutaux, ont quelque chose de bon. Tel fut le pari de l'Occident, tel fut l'enseignement d'un Aristote comme de la tradition chrétienne : obstinément, préférer l'être au non-être. Préférer la beauté risquée d'une coiffure à la lisse perfection du crâne chauve. Le désir est bon, pourvu qu'on s'emploie à y mettre de l'ordre.

Retenons toutefois que ces deux voies, l'occidentale et l'orientale, de l'être ou du non-être, sont toutes deux d'accord pour se méfier de ce qui, poil ou pulsion, se fait en nous, sans nous. La célèbre proposition de Platon « Nul ne fait le mal volontairement » peut être inversée : « Le mal, c'est ce qu'on fait involontairement ». Le mal, c'est ce qui me nie dans ma volonté propre et fait de moi sa chose. C'est la colère qui met « hors de soi » – c'est-à-dire hors du pouvoir qu'on a sur soi. C'est l'agressivité dont on se découvre un jour capable. C'est l'expérience de toute tentation, c'est-à-dire d'une démission active de la volonté face à l'objet qui la subjugue.

Or la première de ces choses qui se font en nous, sans nous, c'est notre vie elle-même. C'est elle qui, la première, et selon une terrible formule, *m'a agi*. *Être vivant* : mélange étrange d'activité, que dit le participe présent « viv*ant* », et d'irréductible passivité, rendue ici par le verbe « être ». Autrement et brutalement dit, entre ma vie et moi, il y a un sujet agissant de trop. Tout homme vraiment désireux de liberté s'est un jour dit : c'est soit moi, soit elle. Par quoi l'on rejoint la plainte des pessimistes sans y trouver la moindre fausse note. Ce sera le cri de Job, l'humour noir de Schopenhauer ou les sarcasmes d'Émile Cioran. Qu'importe. Ils disent tous la même chose : la vie, parce qu'imposée, est un fardeau.

Ainsi les Grecs parlèrent dans la sagesse de Silène :

> Le bien suprême, il t'est absolument inaccessible : c'est de n'être pas né, de ne pas *être*, de n'être *rien*. En revanche le second des biens,

il est pour toi – et c'est d'avoir à mourir un jour[1].

Les Juifs par la bouche de l'Ecclésiaste :

> J'ai trouvé les morts qui sont déjà morts plus heureux que les vivants qui sont encore vivants, et plus heureux que les uns et les autres celui qui n'a point encore existé[2].

Et quand Job demande, tragiquement :

> Pourquoi ne suis-je pas mort dans le ventre de ma mère ? Pourquoi n'ai-je pas péri au sortir de ses entrailles ? Pourquoi s'est-il trouvé deux genoux où me poser et des mamelles pour me nourrir[3] ?

Cioran, dans *De l'inconvénient d'être né*, résume, laconiquement :

> Pourquoi tout cela ? – *Parce que je suis né*[4].

Naître est le premier affront, qui répète les autres : « Que faites-vous du matin au soir ? –

1. Cité par Nietzsche, *La Naissance de la tragédie*, § 3.
2. Qo 4, 2-3.
3. Jb 3, 11-12.
4. *Op. cit.* p. 9

Je me subis[1]. » Comment pourrait-il en être autrement, si la vie nous agit ?

On serait presque autorisé à conclure, avec ce même Cioran : « Qui ne voit pas la mort en rose est affecté d'un daltonisme du cœur[2]. »

La possession de soi

Or la possibilité du suicide indique d'elle-même que la vie, passivement reçue, ne se passe cependant pas tout entière dans le régime de l'involontaire et de la passivité. Vient enfin le jour où nous nous récupérons. C'est une prise de conscience : « Je suis, j'existe. » La célèbre formule de Descartes, qu'on nomme *cogito*, raconte quelque chose de l'universelle histoire des hommes : l'homme, au fur et à mesure qu'il acquiert la conscience réfléchie, n'existe plus seulement, comme cette table ou cette chaise, mais il sait qu'il existe. Par là, il peut nommer l'anonyme présence de la vie en lui. En vertu de sa conscience, il peut dire : « Je suis » et prononcer en première personne ce qui fut d'abord écrit sans lui.

---

1. *Ibid.*, p. 47.
2. *Syllogismes de l'amertume*, Gallimard, « Folio », 1997, p. 146.

Cette prise de possession de soi est progressive : l'enfance est une lente et douloureuse émancipation. Elle n'est jamais définitive : toute notre vie nous serons soumis au régime de l'involontaire, sous les ordres impérieux de nos ventre et bas-ventre. Progressive et jamais définitive, cette prise de possession de soi n'en est pas moins irréversible : vient ce jour où nous sommes capables de refuser cette vie passivement reçue. Fort de ma conscience d'exister, je suis désormais moins porté par la vie que je n'aurai désormais à la porter. Privilège de l'homme, qui peut dire non aux impulsions premières de la vie en lui. Grandir, c'est en effet acquérir la puissance de refuser l'éducation reçue, les valeurs transmises, l'histoire familiale ou nationale. C'est aussi, plus fondamentalement, pouvoir refuser cette vie dont on a, en un sens, *écopé*. Ces refus font partie intégrante de notre humanité : être humain, c'est, depuis toujours, refuser le donné naturel, à l'extérieur de soi, par la transformation active de l'environnement naturel, mais d'abord en soi-même, à même son corps. Être humain, c'est se tenir droit, c'est habiller sa nudité, c'est raser le poil qui revient chaque jour. C'est dompter le fauve en soi. C'est, chaque matin, en adoucir l'haleine. L'être humain n'est humain que de s'opposer à cette part de lui qui menace de se jouer de lui. Il n'est pas d'humanité sans ce pouvoir de dire non.

Jusqu'où doit aller ce refus de ce qui se fait en l'homme, sans l'homme ? Jusqu'au bout ? Jusqu'à la mort ? Jusqu'à refuser la vie reçue ? Logiquement, oui. Les vertus d'abnégation, de courage, de sacrifice, de renoncement ont de tout temps signifié l'homme. Qui les possède montre qu'il n'est plus le jouet de cet instinct plus puissant que les autres : l'instinct de survie. Dans cet ordre d'idée, le suicide a pu être conçu comme un acte suprême de liberté.

C'est pourquoi, dans l'article qui inaugure la célèbre revue des *Temps Modernes*, Jean-Paul Sartre accueille l'invention récente de la bombe atomique comme une bonne nouvelle. Grâce à elle, nous dit Sartre, l'humanité est enfin mise en possession de sa mort. Auparavant, l'humanité s'apparentait à une espèce animale : elle avait reçu la vie d'on ne sait où, sans possibilité autre que de la subir. La voilà désormais libre : disposant des moyens techniques de se suicider, « l'humanité tout entière, si elle continue de vivre, ce ne sera pas simplement parce qu'elle est née, mais parce qu'elle aura décidé de prolonger sa vie ». Et Sartre de conclure : « Il faudra qu'à chaque jour, à chaque minute, *elle consente à vivre*[1]... »

Le sérieux de notre vie

Ce que Sartre dit de l'humanité s'entend d'abord à l'échelle individuelle : dès lors que, par le fait de notre conscience, nous prenons possession de notre être, s'ouvre la possibilité de refuser cette vie passivement reçue. Dès lors que nous cessons d'être cet enfant qui, de l'intérieur, subit sa vie et, de l'extérieur, se doit de la conformer aux exigences sociales, nous revient le choix fondamental : consentir à vivre. Ou non.

Une troisième voie est possible, qui est de ne pas prendre au sérieux ce choix existentiel : « faire comme si de rien n'était ». On comprend qu'il est en notre pouvoir de refuser cette vie passivement reçue. Mais on préfère s'endormir aussitôt, laissant les grandes questions à ceux qui se piquent de philosophie. C'est pourtant omettre qu'il y a, dans la formulation d'une telle question et le type de réponse qu'on lui apporte, un enjeu décisif. « Que ton *oui* soit *oui*,

---

1. *Les Temps Modernes*, n° 1, 1er octobre 1945. Je souligne.

et que ton *non* soit *non*[1] » : rejeter cette question comme un luxe, c'est faire le choix de la tiédeur. Ce peut être, d'une part, se complaire à un *non* sans portée ni conséquence : dandy, on crache sur la vie, on la prend de haut, on se vante d'entretenir à son égard un dégoût tranquille ou une nausée profonde. On peut même faire de grands livres avec tout cela. Mais on reste aussi dans l'abstraction : touchez à cette vie que l'on prétend snober, et voyez à quel point ce *non* est de façade.

Se refuser à la question du consentement à l'existence, ce peut être, d'autre part, se satisfaire d'un *oui* sans engagement, accordé comme du bout des lèvres. On se contente alors de l'évidence : « Je vis, n'est-ce pas assez ? » Mais par là, on se prive de ce qu'un consentement plein et entier à l'existence révèle de possibilités nouvelles. Qui ne dit mot ne consent pas pleinement : il faut dire *oui*, il faut dire *non*, mais il faut dire.

Toucher avec les yeux

Car adresser, à pleins poumons, à cette vie passivement reçue un *oui* sans réserve, c'est

1. Mt 5, 37.

bien plus que seulement reconduire ce qui est : c'est valider ce qui est, c'est en épouser le donné. C'est reprendre dans l'élément de notre désir ce qui n'en faisait pas partie. Certes, on ne consent qu'à ce qu'on n'a pas choisi. Mais par là, *on choisit cela même qu'on n'a pas choisi*. C'est là une ressource inespérée pour notre si pauvre liberté.

René Char, dans *Feuillets d'Hypnos*, a cette belle formule : « Tu ne peux te relire, mais tu peux signer[1]. » Autrement dit : nous ne pouvons pas retourner dans le passé pour y porter les corrections qui nous agréeraient mieux. Mais nous avons mieux que cela : nous avons le pouvoir de *signer*, de ressaisir dans l'élément de notre volonté propre ce qui a été fait et ne peut plus être défait. Voilà ce qui arrive alors : ma volonté se surpasse généreusement vers ce qu'elle n'a pu vouloir. Cela s'appelle assumer, me direz-vous. Mais c'est bien plus que cela : on assume ses fautes, sans être assuré d'une réconciliation future. On assume, mais on peut encore s'accuser et s'en vouloir. Signer, au contraire, c'est à la fois assumer et se réconcilier. C'est dire : ceci, qui m'a échappé, est désormais mien. Cette vie au bas de laquelle

1. *Œuvres complètes*, Gallimard, « Bibliothèque de la Pléiade », 1983, p. 198.

j'appose le sceau de mon consentement, je la fais mienne, d'autant plus mienne qu'elle me fut d'abord étrangère. Comme le mari qui se résout à reconnaître l'enfant né de la femme qui fut, un temps, adultère : cette histoire qui n'était pas la sienne, dont il était exclu, portera désormais son nom. La preuve qu'il était mal-aimé devient la preuve que l'amour peut tout.

Consentir à ce qui est, vouloir cela même qui s'impose à nous, c'est donner son aval à ce qui s'est fait en amont. Étrange acte, qui ne fait que prendre acte. Étrange décision, qui ne veut rien que ce qui est. « On n'y peut rien. Les choses ont été ainsi faites. » Mais ce qu'on peut, c'est accepter. Car là même où l'on n'y peut rien, on ne *veut* pas rien. On ne peut retoucher le réel, le modeler à son désir. Du moins peut-on l'aimer, comme il est. Étrange et extraordinaire pouvoir que de faire sienne une chose sans se l'approprier. Que de dire « Je veux » là où cette volonté n'a de prise autre que de laisser être ce qui est, et de l'aimer ainsi.

« On touche avec les yeux » dit le gardien de musée, condition pour que chacun, longtemps, puisse admirer les œuvres exposées. Consentir, c'est de la même manière accepter de ne pas porter la main, de ne pas toucher, de ne pas corriger, tordre, abîmer. C'est savoir qu'il y a un au-delà du pouvoir de transformation du réel, qui est comme la contemplation devant une œuvre. Car la contemplation ne retranche rien, ne corrige rien, elle accepte tout.

Ce pouvoir par lequel la volonté se dessaisit d'elle-même pour accueillir la vie telle qu'elle se donne, nul ne l'a mieux dit que Nietzsche, en un Nouvel An de l'année 1882 :

> En ce jour où chacun formule ses vœux et sa pensée la plus chère, eh bien, je veux, moi aussi, dire ce que je désire de moi-même, et quelle fut la pensée qui, la première, a traversé mon cœur cette année – quel genre de pensée sera désormais pour moi le fondement, la garantie et la douceur de la vie qui vient ! La voici : je veux apprendre de plus en plus à considérer ce qui est comme étant le Beau en soi. Ainsi je serai de ceux qui embellissent les choses. *Amor fati*[1] : que ceci soit désormais mon seul amour ! Non, je ne ferai pas la guerre à la laideur. Je n'accuserai plus, pas même les accusateurs. *Détourner le regard* : que ceci soit ma seule négation ! Je veux à partir de cet instant et quelles que soient les circonstances, n'être qu'un pur *dire-oui*[2] !

Nietzsche dit ici l'union de la volonté à la réalité. Ce faisant, il signe un traité de paix

1. *Amor fati* : amour de la destinée, de ce qui advient.
2. *Gai Savoir* § 276. Traduction personnelle.

avec lui-même. Car à force de lutter, comme il le faisait, contre ceux qui dévalorisent l'existence, Nietzsche se surprend à devenir l'un d'eux : aigri comme eux, perpétuellement en guerre. En ce Nouvel An 1882, il ne s'agit plus de cela : « Je n'accuserai plus, pas même les accusateurs. » Et pour cela : « détourner le regard », c'est-à-dire apprendre à accueillir ce qui est, au lieu de loucher sans cesse vers ce qui devrait être. N'avoir plus pour ennemi que ce qui en moi dit non, se refuse à la joie, prend prétexte de la médiocrité d'autrui pour s'y engluer à son tour. Comme le disent deux vers d'un poème que Nietzsche intitula « De la pauvreté du plus riche » : « Aujourd'hui je ferai bon accueil à tout - même au malvenu ! / Même pour le destin, je rentre mes piquants[1]. »

Consentir, est-ce se résigner ?

Derrière l'indéniable beauté de ces vœux, il faut toutefois en percevoir la difficulté. La « bonne résolution » que fait ici Nietzsche, le « bon vœu » qu'il se souhaite ne vont pas de

1. *Dithyrambes de Dionysos, Œuvres philosophiques complètes*, VIII, 2, Gallimard, 1975, p. 73.

soi : qu'est-ce en effet qu'une résolution qui ne fait que se résoudre à ce qui est ? Qu'est-ce donc que ce vœu qui ne veut rien que ce qui est ? Est-il seulement besoin de vouloir s'il s'agit de vouloir ce qui est ? Le consentement, avons-nous dit, ne fait pas que constater. Il ne dit pas seulement : « Les choses sont ainsi », il ajoute : « Eh bien, qu'il en soit ainsi ! » Mais n'y a-t-il pas là un impératif impossible, ou du moins inutile, puisqu'il ne fait qu'exiger que les choses aillent comme elles vont ? Donner un ordre à quelqu'un suppose qu'on veuille de lui un changement dans son attitude. Or, en s'écriant : « Que cela soit ! », on ne fait que donner au monde l'ordre qu'il a déjà.

Certes, le consentement laisse penser que la grandeur de la volonté n'est pas seulement de transformer le monde : elle est aussi d'élargir son vœu aux dimensions du réel. Mais la largeur de l'acquiescement ne fait-elle pas que mesurer la petitesse de cette volonté ? La grandeur de son consentement n'est-elle pas sa faiblesse ? Ne se gonfle-t-elle pas, cette volonté, à la mesure de son incapacité à transformer le monde ? Le consentement ne serait alors qu'une ruse : feindre de désirer ce sur quoi on n'a pu agir. À défaut de mettre sa volonté dans les choses, on peut prétendre les avoir voulues. Selon la célèbre formule de Cocteau dans *Les*

Mariés de la Tour Eiffel : puisque ces choses nous dépassent, feignons d'en être les organisateurs ! C'est enfiler un pull en pleine canicule afin d'avoir librement choisi ce que tous subissent : la volonté de l'homme, siège de son orgueil, peut tout, même le ridicule, pour sauver son apparente toute-puissance.

Dans une telle optique, le consentement ne serait qu'une résignation qui ne se dit pas, et toujours un signe de faiblesse. « Le signe du oui, faisait remarquer Alain, est d'un homme qui s'endort ; au contraire le réveil secoue la tête et dit non[1] » : enfoncé dans le confort de son fauteuil, glissant irrésistiblement dans la somnolence, l'homme semble en effet opiner du chef. S'il se ressaisit, parce que le monde a besoin de veilleurs, sa tête, pour se désencombrer des songes qui l'habitent, fera non. Et telle est sa grandeur. C'est pourquoi Romain Gary avait, pour ceux qui s'empressent de dire « amen » et de conformer leur désir à l'ordre du monde, ces mots ironiques et terribles :

> Je suis sans rancune envers les hommes de la défaite et de l'armistice de 40. Je comprends fort bien ceux qui avaient refusé de suivre de Gaulle. Ils étaient trop installés dans leurs meubles,

1. Alain *Propos sur les pouvoirs*, § 139, Folio-essais, 1985, p. 351.

qu'ils appelaient la condition humaine. Ils avaient appris et ils enseignaient « la sagesse », cette camomille empoisonnée que l'habitude de vivre verse peu à peu dans notre gosier, avec son goût doucereux d'humilité, de renoncement et d'acceptation. Lettrés, pensifs, rêveurs, subtils, cultivés, sceptiques, bien nés, bien élevés, férus d'humanités, au fond d'eux-mêmes, secrètement, ils avaient toujours su que l'humain était une tentation impossible et ils avaient donc accueilli la victoire d'Hitler comme allant de soi. À l'évidence de notre servitude biologique et métaphysique, ils avaient accepté tout naturellement de donner un prolongement politique et social. J'irai même plus loin, sans vouloir insulter personne : ils avaient *raison*, et cela seul eût dû suffire à les mettre en garde. Ils avaient raison, dans le sens de l'habileté, de la prudence, du refus de l'aventure, de l'épingle du jeu, dans le sens qui eût évité à Jésus de mourir sur la croix, à Van Gogh de peindre, à mon Morel[1] de défendre ses éléphants, aux Français d'être fusillés, et qui eût uni dans le même néant, en les empêchant de naître, les cathédrales et les musées, les empires et les civilisations[2].

---

1. Personnage des *Racines du ciel*, autre roman de Romain Gary.
2. *La Promesse de l'aube*, Paris, Gallimard, « Folio », 1960, p. 283.

Ce qui distingue consentement et résignation

Les mots ne sont pas assez durs contre cette sagesse de camomille que verse dans notre mou gosier l'acceptation de ce qui est. Il faut cependant non seulement distinguer mais opposer consentement et résignation. Le *oui* de l'un diffère du tout au tout du *oui* de l'autre. La résignation est de ces *oui* qu'on dit du bout des lèvres. Son intensité est lâche comme le sont ses filets : le résigné dit oui à tout, même au mal par lequel il se laisse abattre. Le consentement, au contraire, en clamant haut et fort son adhésion, offre sa voix à ce qu'il y a de puissant dans la vie. Tout *oui* véritable dit non à la mort. Or la résignation, en baissant les bras, en les privant soudain du tonus qui tient le mal éloigné, les ouvre à tout-va. Elle est un *oui* qui ne sait pas dire non à ce qui, pourtant, doit mourir. Elle n'a que l'apparence du *oui* puisqu'elle n'est jamais qu'un renoncement. Son adhésion est une adhérence : la résignation nous plombe un peu plus, comme la mouche collée au fond d'un verre s'arrête enfin de remuer les ailes. Le consentement, de son côté, ouvre énergiquement les bras. Mais par là, il circonscrit le champ de son adhésion : il embrasse pour étreindre et, dans son étreinte, se ferme à la mort. Quand on dit : « Oui, je veux vivre, malgré tout », quand on affirme : « Si telle est mon épreuve, alors je la vivrai », on ajoute sa puissance à la puissance de vie qui nous anime. Si le consentement a en effet quelque chose du laisser-être (on touche avec les yeux), il n'a rien du laisser-aller : l'homme qui consent reconnaît la limite de son pouvoir sur les choses. Mais cette défaite est sa plus grande victoire : il ne s'agit plus de défaire ce qui fut fait mais de se défaire de son illusoire toute-puissance afin de donner à *cette* vie-*ci*, celle que nous avons à vivre, le meilleur de nous-mêmes.

En ne se refusant pas à l'épreuve, en prenant acte de ce qu'il y a à vivre, l'homme qui consent redistribue les armes et affronte le mal. Consentir, c'est voir ce qui est, pour ne plus pleurnicher sur ce qui aurait dû être. C'est s'offrir au présent, prendre acte des forces en présence et y livrer la sienne – là où la résignation n'est possible que d'avoir usé le présent à coup de « si seulement... ». Le consentement, disait Paul Ricœur, est une « active adoption de la nécessité[1] », entendant par nécessité « ce qui ne peut pas ne pas être ». « Active », et non point passive. Pour le dire

---

1. *Philosophie de la volonté*, *op. cit.*, p. 322.

autrement : le consentement s'entend de l'obéissance, lorsque la résignation n'est que soumission. Puisqu'on accepte ce qui est, on cesse d'user vainement sa force à refuser ce qui advient : cette obéissance est donc, paradoxalement, libératrice. Elle nous rend à nouveau disponible au présent de la vie. Une telle « obéissance libératrice », Beethoven l'a saisie en une formule lumineuse, jetée dans un coin de la partition du *Quatuor à cordes n° 16 en fa majeur* : « *Muss es sein ? Es muss sein.* » Cela doit-il être ? Eh bien que cela soit !

Le consentement est un actif dessaisissement : l'énergie est tout entière donnée à accueillir l'épreuve du mieux qu'on peut. Comme l'écrit Ernest Hello, s'adressant à Dieu : « L'homme ne peut vous comprendre, mais il peut vous dire *Amen*[1]. » Il en est de même concernant la souffrance qui, par essence, résiste à notre volonté de comprendre : la souffrance est intrusion du non-sens dans le cours d'une vie. Ce qui en elle fait souffrir, c'est son absurdité. Elle coupe la parole, assurément, car il n'est rien qu'on en dise qui ne sonne immédiatement comme un mensonge. Mais si l'on ne peut la comprendre, il reste ce

1. Ernest Hello, *Prières et Méditations*, Éditions Arfuyen, Paris, 1993, p. 39.

pouvoir étrange de dire *Amen* : telle est ma voie, je l'accepte. Résignation morbide, quand il s'agit par là de se laisser couler dans la mort. Preuve de vie au contraire si, ce faisant, on cesse de lutter contre la nécessité qui écrase pour s'employer, au cœur de celle-ci, à frayer un chemin pour la vie. Le philosophe Alain Cugno a pour dire cela une formule éclairante : « L'acquiescement authentique à la souffrance ne vise pas la souffrance elle-même, mais le refus de l'esquiver, afin de pouvoir la surmonter de l'intérieur[1]. »

De l'espoir à l'espérance, de l'attente à l'attention

Avoir la foi n'est rien d'autre que cela : accepter l'épreuve. C'est savoir qu'un malheur n'arrive jamais seul, mais en un sens tout autre que le veut l'expression. Car si l'on y regarde bien, il s'y trouve assez d'énergie pour l'affronter, assez d'intelligence pour en tirer leçon, assez d'espérance pour en sortir grandi. La foi n'est pas d'abord croire que l'impossible

1. Alain Cugno, dans *La Morale, sagesse et salut*, textes présentés par Claude Bruaire, Fayard, « Communio », Paris, 1981, p. 200.

est possible. C'est, au contraire, croire, voire savoir, que tout le réel est réel, que le réel, autrement dit, est plus grand que l'idée qu'on s'en fait : il est plus que la dimension où veut l'enfermer notre désespoir. La foi, c'est être disponible à la souffrance de l'homme autant qu'à l'amour qui la soulage, aux blessures qu'on inflige comme à celles qu'on guérit, au Mal qui divise autant qu'au Bien qui unit. C'est voir, au cœur de la ténèbre, la lumière qui n'a cessé de luire.

Il est des femmes et des hommes qui, au plus bas de l'horreur, surent rester humains. Ceux-là exauçaient la prière des hommes : que ta volonté soit faite, dans l'enfer terrestre comme au paradis des meilleurs jours, quand faire le bien ne demandait rien parce que l'amour portait tout. Donne-nous d'aimer là où rien ne semble plus aimable. Donne-moi « d'entendre si intensément ce qui me donne vie, que le vertige du néant soit surmonté[1]. »

Vœu d'obéissance et de liberté, l'art de consentir distingue deux choses que l'on confond souvent : l'espoir et l'espérance. L'espoir, parce qu'il peut être déçu, risque toujours de se retourner en son contraire. L'espérance,

1. Maurice Bellet, *La Traversée de l'en-bas,* Bayard, 2005, p. 137.

quant à elle, a déjà surmonté le désespoir. Car l'espoir est fondamentalement *attente* : attente angoissée ou impatiente de ce qui n'est pas encore. L'espérance, quant à elle, est *attention* à ce qui se donne. L'espoir vise l'avenir ; l'espérance se conjugue au présent et contemple ce qui s'y donne. Elle vit de ce qui se révèle, au cœur de l'abîme, comme participant du Bien. De l'homme qui, dans sa vie, est tombé cent fois, l'espérance retiendra que cent fois il s'est relevé. Parce qu'elle est par essence *réception* à ce qui se donne, l'espérance est sauve de ce qui menace tout espoir : la *déception*.

Armé de l'espérance, nous voilà donc libérés de la peur de rater quelque chose. Cette peur nous tient souvent quand nous devons faire un choix : car qu'est-ce que faire le bon choix ? Et saura-t-on jamais si on a fait le bon ? On hésite. L'abîme de la contingence nous avalerait presque. Mais l'espérance enseigne ceci : le « bon choix » ne dépend pas tant du choix que l'on fait que de la bienveillance avec laquelle on accueille les possibles que libère la décision, une fois qu'elle fut prise *et quelle que soit celle qui fut prise*. En ce sens, on fait toujours le bon choix : le seul choix qui soit vraiment mauvais serait de ne pas choisir, d'en rester à cette indécision qui retient au seuil des possibles ou nous balance d'une décision à l'autre, épuisant vainement nos forces. Il s'agit donc moins de faire le bon choix que de choisir de la bonne façon, c'est-à-dire de savoir que la décision prise a une priorité définitive sur celle que l'on n'a pas prise parce que celle-là, et non celle-ci, mérite désormais notre confiante adhésion et toute la force qu'on peut lui offrir.

Ce que vous choisirez, je le préfère

Le grand poète jésuite Gerard Manley Hopkins raconte, dans une composition datant de 1879, la joie qu'il éprouve à la « réponse pleine de grâce » (c'est le sous-titre du poème) que lui fit ce jour un enfant :

> Mais dis-moi, enfant, quel est ton choix ; qu'achèterai-je
> Pour toi ? – *Père, ce que vous choisirez, je le préfère*[1].

« *Father, what you buy me I like best* » : on ne saurait mieux dire l'espérance, c'est-à-dire l'accueil confiant de la vie. Bien qu'elle soit, pour notre poète, source d'embarras : « Quel don ou bienfait t'obtenir du ciel, enfant, / Que tu

1. Gerard Manley Hopkins, *Grandeur de Dieu,* Éditions Arfuyen, Paris, 2005, traduit par Jean Mambrino, p. 51.

n'aies déjà ! » Car il possède tout celui qui ne posséderait que l'aptitude à recevoir, cet art avec lequel les enfants prennent le bonheur comme il vient.

Au dilemme d'Isaïe : « comprendre pour croire ou croire pour comprendre », l'espérance tranche : il faut aimer d'abord. Il faut faire crédit à la vie, afin que, suspendant notre suspicion, nous la laissions nous surprendre à nouveau. Il faut l'aimer, cette vie, sans lui demander d'abord de compte, pariant qu'elle ne nous est pas contraire. Encore une fois, il en va d'elle comme d'un enfant dont l'instruction, par exemple, nous serait un temps confiée : tandis qu'un regard malveillant l'empêchera d'éclore, la confiance qu'on lui fait se lira à même ses progrès. La bonté dont on accrédite la vie en libère l'éclat.

Il faut aimer la vie d'abord, avant tout calcul, avant toute logique. Ce sont là les mots d'une vibrante conversation entre Ivan et Aliocha, deux des trois frères Karamazov :

> Je veux vivre, et je vis, même en dépit de toute logique. Je ne crois pas en l'ordre des choses, mais je tiens aux petites feuilles collantes qui s'ouvrent au printemps. Je tiens au ciel bleu. Je tiens à telle personne qu'on se met, comme ça, à aimer, sans savoir pourquoi. [...] Ce n'est pas

par l'intelligence, par la logique, c'est avec les tripes, avec les entrailles qu'on aime, par ses jeunes premières forces qu'on aime. Tu comprends quelque chose à mon galimatias, Aliocha, ou non ?

— Je ne comprends que trop, Ivan : c'est par les tripes, par les entrailles qu'on a envie d'aimer. C'est splendide comme tu l'as dit. Je pense que tous les gens sur terre, ce qu'ils doivent faire d'abord, c'est apprendre à aimer la vie.

— Aimer la vie, plus que le sens de la vie ?

— Absolument, oui, l'aimer avant la logique, comme tu dis, absolument avant la logique, et c'est seulement à ce moment-là que j'en comprendrai le sens[1]...

Le consentement libère en nous la vie en nous libérant de notre exigence d'ordre et de sens. La vie dévoile ses secrets quand on les lui laisse dire, et non quand on l'assigne au tribunal de notre entendement. Commençons donc par dire *oui* au jour qui s'annonce, par aimer la vie gratuitement, absurdement, en omettant sagement de lui demander ses titres de conformité à ce qu'Ivan appelle « l'ordre des choses ».

---

1. F. Dostoïevski, *Les Frères Karamazov*, traduction André Markowicz, Actes Sud, Babel, 2002, Deuxième partie, Livre cinquième, Section III : « Les frères font connaissance », p. 415-416.

Tenons pour preuve suffisante de cet ordre les feuilles collantes du printemps ou la drôle beauté du visage des hommes. Il n'est pas de petite raison pour aimer sans raison. L'amour, par essence, se contente de peu : donné gratuitement, il est à lui-même sa propre récompense. La lumière dont l'amour brille, c'est la sienne propre : un rien lui suffit, à peine une étincelle.

L'INVERSION DES TEMPS OU L'ÉTRANGE POUVOIR DU CONSENTEMENT

Tout est bien

Il faut donc commencer par prendre acte de ce qui est afin que, rejoignant la pulsation par laquelle l'être se donne, on y mêle sa propre puissance. Du moins cela vaut-il pour l'avenir. Mais qu'en est-il de ce qui, de toute façon, ne saurait être changé ? Le consentement, avons-nous dit, donne son aval à ce qui fut fait en amont. Cela laisse-t-il le passé inchangé ? Non, et c'est là que se laisse voir un autre aspect du consentement, qui en révèle l'extraordinaire pouvoir : non seulement le consentement libère l'énergie pour affronter le cours des choses mais, de plus, il a cette étrange vertu de créer de la liberté à rebours, de révéler le sens de ce qui n'en avait pas. En renonçant à corriger mon passé, je le transfigure. Car dire oui à sa vie, à toute sa vie, c'est savoir qu'il fallait cette naissance subie, cet héritage imposé, et toutes ces épreuves, et ces décisions qu'il m'arrive de regretter, bref : *il fallait toute cette vie, si imparfaite soit-elle, pour être aujourd'hui celui qui dit oui à l'existence.* L'instant de réconciliation, dans lequel tout regret s'abolit, projette vers le passé la lumière qui l'illumine lui-même : il est ce point où le passé, tout le passé, peut être désiré comme la cause du présent, d'un présent heureux puisqu'en lui, actuellement, je ne désire plus que ce qui est.

Ce qui arrive alors, c'est ceci : le présent, tout à coup, conditionne le passé. Les temps semblent s'inverser : le présent de mon *oui* colore le passé d'une teinte toute différente. Parce que, dans l'adhésion présente, l'entièreté du passé est assumée, se révèle une trame qui, sans cela, serait restée inaperçue. Tel est l'étrange pouvoir du consentement : créer ou révéler un ordre dans le désordre apparent des choses. Faire que le destin d'une vie passivement reçue ait le doux visage d'une destinée.

Pour comprendre mieux cela, tentons une analogie. Il en va du *oui* à notre vie comme de celui que les époux se donnent au jour de leur mariage. En se disant oui, les époux disent : « Il fallait que tout cela soit. » « Tout », même ce qui, dans l'histoire de leur couple, semblait de prime abord anodin, extérieur, hasardeux, voire honteux. Ce *oui* transforme une histoire d'amour particulière, contingente, encore dépendante des circonstances qui l'ont vue naître, encore menacée par ces mêmes circonstances, en une histoire d'où le hasard est soudain exclu. Tant que le couple se refuse à ce *oui*, la nuit d'ivresse qui a jeté cette femme dans le lit de cet homme encore inconnu d'elle flotte comme un fantôme qui pourrait bien tout faire s'écrouler. « De toute façon, ça avait mal commencé », concédera-t-on au moment de la crise. Mais dès lors que le couple, pourvu qu'il sache ce que l'engagement signifie, se dit oui, tout hasard et toute contingence sont abolis. Abolis, oui, quoique ce soit *après coup*, de façon rétrospective : sans ce *oui*, tout serait encore possible, de poursuivre cette histoire comme d'y mettre un terme ; avec ce *oui*, rien de ce qui fut n'apparaît contingent. En consentant à l'homme qui se propose à elle, la femme ordonne le passé, le marque du sceau de son désir : tout, depuis le début, se met soudain à converger vers le point d'orgue de leur adhésion réciproque. Il fallait désormais (il « aura fallu » devrions-nous dire) cette nuit d'ivresse, cette chaîne de hasards, ce saut dans le vide puisque le consentement a créé sous leurs pas l'assise d'un chemin.

Racheter l'univers

Aussi n'est-il pas faux de dire que le consentement fabrique de la liberté à partir de ce qui est subi. Il gonfle la volonté humaine aux dimensions du réel, et d'un réel toujours chaotique, au lieu de réduire ce réel, et sa part de chaos, aux petites dimensions de la volonté humaine. C'est là ce que dit Nietzsche dans un fragment non publié de ses cahiers :

> La question primordiale n'est absolument pas de savoir si nous sommes contents de nous-mêmes, mais si, de principe, nous sommes contents de quoi que ce soit. À supposer que nous disions *oui* à un seul instant, du même coup, nous avons dit *oui* non seulement à nous-mêmes, mais à l'existence tout entière. Car rien n'est séparé de rien, ni en nous-mêmes, ni dans les choses ; donc si notre âme, un instant, a, comme une corde, vibré et résonné de joie de vivre, alors toutes les éternités étaient nécessaires pour que cet unique événement ait lieu. Et toute l'éternité était, dans ce seul instant de notre *oui*, consentie, sauvée, justifiée, affirmée[1].

---

1. *Fragments posthumes, Automne 1885-automne 1887,* 7 [38], *in Œuvres philosophiques complètes,* Gallimard, 1979, p. 298, traduction modifiée.

Si l'on suit Nietzsche, le consentement au seul instant de notre petite vie suffit à tirer l'univers de son non-sens : s'il s'est trouvé un jour un homme qui, au détour d'une promenade, s'est plu à exister, alors c'est l'univers tout entier qui se trouve « justifié ». « Justifié » : ce dernier mot est fort sous la plume d'un athée. « Justifié », l'univers l'est d'avoir déposé au bord de sa route l'œil qui le contemple, la bouche qui le bénit. Tout est bien, désormais. Tout est racheté, puisque « rien n'est séparé de rien », puisque tout, dans l'univers, est cause ou effet d'une autre chose : il aura donc fallu ces guerres et ces hivers, ces migrations et ces rencontres, ces mouvements telluriques ou cosmiques, il aura fallu que les choses soient telles qu'elles sont pour enfanter cet homme et cette promenade, et le bonheur de vivre qui y fut attaché. « Toutes les éternités » deviennent nécessaires sitôt qu'un homme vibre de félicité.

En ce sens, toute joie de vivre, toute adhésion à l'existence, même passagère, a un accent cosmique : elle résume la totalité de ce qui fut, elle s'en fait le cœur battant, elle devient le but secret de tout ce qui précède. Autour d'elle semblent s'organiser les éléments, les événements et les constellations. En tant que bénédiction, la joie de vivre ne change rien au monde : elle le condense et le redistribue tel qu'il était auparavant, à ceci près que, désormais, l'univers rayonne de la joie qu'il a enfantée. Avant cette pleine adhésion à l'existence, l'univers n'était que chaos. Désormais, il sera *cosmos* : un Tout sensé, organisé, harmonieux. Avant qu'on lui dise oui, l'univers n'avait pas de sens. Dès lors qu'un homme, un jour, l'a béni, il aura eu pour toujours ce sens-là. L'homme, roseau pensant, apparaît tout à coup comme le détour que fit l'univers pour prendre conscience et jouir de soi-même.

Prenons soin, toutefois, de ne pas faire dire à Nietzsche ce qu'il ne dit pas : Nietzsche ne dit pas que l'univers avait, *dès le début*, comme but l'homme et sa joie de vivre. Selon Nietzsche, l'univers n'a ni sens, ni but. Il n'est que hasard et nécessité. Dieu, si l'on tient à en imaginer un, serait aux yeux de Nietzsche comparable à l'enfant qui bâtit des châteaux de sable pour aussitôt les renverser, au gré de ses caprices. Or cette optique qu'on nomme « antifinaliste », parce qu'elle refuse à la marche des choses un quelconque but, une *fin* quelconque, ne fait que mieux voir la force de tout consentement : même si rien n'a en soi de sens, sitôt qu'un homme consent pleinement à être, alors l'univers *aura eu* comme but d'engendrer un tel instant. Le sens est ici introduit rétroactivement : l'acquiescement à l'instant fait que la chaîne causale qui lie toute chose cachait une cause finale, un but à atteindre. Ce n'était pas vrai avant qu'il y eût acquiescement : c'est désormais la seule chose qui compte.

Toute naissance est un miracle

> Quand un coup de vent a poussé le pollen sur une fleur, il y a dans le fruit qui grossit quelque chose qui se moque du coup de vent. Il y a une certitude tranquille qu'il n'y a jamais eu de coup de vent au monde, puisqu'il est là. [...] Quand une fois une chose est vraiment mise au monde, ce n'est pas comme une chose « qui arrive » ; tout à coup il n'y a plus d'autre œil que le sien pour y *voir*, et il n'est plus question qu'il pût ne pas être : tout est bien[1].

Mieux qu'aucun texte philosophique, l'extrait qu'on découpe au détour d'un roman, surtout s'il s'agit d'un chef-d'œuvre, permet de capter l'inouï. L'inouï d'un ordre qui se crée en avançant, et n'avance que s'il y a un œil pour le contempler, une bouche pour le bénir, pour

1. Julien Gracq, *Le Rivage des Syrtes*, *Œuvres complètes*, « Bibliothèque de la Pléiade », tome 1, p. 778-779.

prononcer ces mots : « tout est bien ». Comme l'écrit admirablement Julien Gracq, le fruit l'est du hasard car le pollen n'a de trajectoire que celle que lui impriment les caprices du vent. Mais plus le fruit grossit, plus le hasard s'abolit : une fois qu'un être quelconque est mis au monde, il fait converger à lui le hasard des circonstances. Tout semble conspirer à le faire être. « Il n'est plus question qu'il pût ne pas être : tout est bien. »

C'est en ce sens précis que toute naissance est un miracle. Chose surprenante : elle est vécue comme tel même par ceux dont la dernière idée serait de croire aux miracles. La naissance d'un enfant est un miracle ô combien quotidien, il est vrai, répété 350 000 fois par jour de par le monde. Il n'empêche : ce n'est pas parce qu'un miracle arrive tous les jours qu'il n'en est pas un. La tristesse de nos vies tient précisément à ce que nous confondons miraculeux et exceptionnel. À ceux qui vident l'univers de son charme parce qu'ils n'y voient à l'œuvre que les lois mécaniques d'une horlogerie se répétant sans cesse, à ceux qui gauchissent le monde dans les bornes d'un strict déterminisme, l'auteur anglais Gilbert Keith Chesterton objecte la vieillesse de leur esprit : « [Les enfants] disent sans cesse : "Fais-le encore une fois", et l'adulte le refait une fois encore jusqu'à ce qu'il soit mort de fatigue. Car les adultes ne sont pas assez forts pour exulter dans la monotonie. Mais peut-être que Dieu est assez fort pour exulter dans la monotonie. » Il s'agit donc de libérer le miracle de la tyrannie de l'exceptionnel : « Il se pourrait que le soleil se lève régulièrement parce qu'il n'est jamais las de se lever, écrit encore G. K. Chesterton. Il se peut que ce ne soit pas une nécessité automatique qui fasse que toutes les pâquerettes se ressemblent ; il se peut que Dieu fasse chaque pâquerette séparément et qu'il ne se soit jamais lassé de les faire. Il se peut qu'il ait l'éternel appétit de l'enfance ; car nous avons péché et nous avons vieilli, et notre Père est plus jeune que nous[1]. »

Il y va de l'éclosion des pâquerettes comme de la naissance des bébés : chaque fois, même si c'est trois cent mille fois par jour, un miracle a lieu. Durant les quelques jours suivant la naissance de l'enfant attendu, chaque homme, par l'émerveillement qui est le sien, retrouve « l'éternel appétit de l'enfance ». C'est qu'il y a dans chaque naissance une telle disproportion des causes et de l'effet que l'effet semble se tenir là, indépendant, isolé, précisément

1. G. K. Chesterton, *Orthodoxie,* Paris, Éditions Climats, 2010, p. 96.

comme il advient dans un miracle. Jésus marche sur l'eau sans avoir pour cela aménagé aucun dispositif technique. De même l'enfant naît et sa naissance semble échapper au strict déterminisme causal. Cet enfant qui cherche le sein de sa mère pour une première tétée, nul, sinon un dépressif ou un scientiste, ne le tient pour réductible aux processus physico-chimiques qui ont présidé à sa conception. Nul ne l'accueille comme la suite logique des événements. Car il est bien plus que cela : plus que ce que la chimie et la biologie peuvent en dire. Davantage même que l'histoire personnelle de ses parents.

J'en tiens pour preuve cette étrange information qu'on vous donne à la maternité, après la première échographie : une date vous est donnée, qui est censée être celle du jour de la conception. On essaie alors de se rappeler. On ne se souvient plus. Est-on au moins certain d'avoir eu un rapport sexuel ce jour-là ? Puisqu'on vous le dit, c'est à n'en pas douter. Mais alors cette étreinte était-elle si peu digne d'être gardée en mémoire ? Au fond, qu'importe ! L'enfant est là et, comme l'écrit le romancier, « il n'est plus d'autre œil que le sien pour y *voir* » : cet enfant est plus que le coup de vent, plus que l'étreinte oubliée, davantage que l'histoire familiale qui précède et détermine sa venue au monde. Dans la naissance, l'effet excède infiniment sa cause. La cause est sanctifiée par son effet. « Tout est bien. »

Grandeur d'âme

« Tout est bien » : cette sentence est comme le point d'orgue de la vie des grandes âmes. On ignore souvent que tel est le dernier mot de la tragédie d'Œdipe : exilé à Colone, aveugle comme le destin qu'il a voulu défier, tenant d'une main l'épaule de sa fille et sœur Antigone, Œdipe prononce les mots du parfait consentement :

> Tout cela me comble malgré tout, car mes misères, le temps passé et la grandeur de mon âme me disent que tout est bien[1].

Il faut l'âme grande, en effet, pour gonfler son cœur aux largeurs d'un si profond abîme. Grande âme aussi que celle de la petite Thérèse, dont on a retenu cette douce suite monosyllabique : « Tout est grâce. » Au couvent, sainte Thérèse apprenait chaque jour à élargir son désir aux dimensions des épreuves qu'elle

1. Sophocle, *Œdipe à Colone*, vers 7.

traversait, comme une voile gonflée par la tempête. À propos d'un petit grincement de dents insupportable provenant de la sœur placée derrière elle à l'oraison du soir, elle écrit : « J'essayais de m'unir au bon Dieu, d'oublier ce petit bruit... Tout était inutile, je sentais la sueur qui m'inondait. » Rien n'y fait. « Alors je tâchais d'aimer le petit bruit si désagréable ; au lieu d'essayer de ne pas l'entendre (chose impossible), je mettais mon attention à le bien écouter comme s'il eut été un ravissant concert et toute mon oraison se passait à offrir ce concert à Jésus. »

Ne pas se crisper devant l'épreuve, si petite soit-elle ; ni non plus s'y résigner : mais l'accueillir, la désirer même, pour entendre enfin ce qu'elle a à nous dire. L'immensité du désir se prouve non seulement dans la prétention à bouleverser les choses, mais aussi dans celle de n'y rien toucher. Comme l'écrit avec bonheur Maurice Bellet, dans le livre qu'il consacre à sainte Thérèse : « L'esprit d'enfance, c'est l'intime connexion d'une radicale absence de prétention et d'un désir sans limite. La vie sera ce que Dieu donnera[1]. »

---

1. Maurice Bellet, *Thérèse ou l'illusion,* Desclée de Brouwer, 1998, p. 52.

« Belle d'abandon[1] » : telle est cette vie que viennent clore les mots du consentement. Ainsi celle du curé de campagne de Bernanos :

> Sa main s'est posée sur la mienne, tandis que son regard me faisait nettement signe d'approcher mon oreille de sa bouche. Il a prononcé alors distinctement, bien qu'avec une extrême lenteur, ces mots que je suis sûr de rapporter très exactement : « Qu'est-ce que cela fait ? Tout est grâce. » Je crois qu'il est mort presque aussitôt[2].

Le pouvoir de consentir

La consonance des grandes âmes avec le tout de leur vie, si âpre fût-elle, achève en harmonie une mélodie qu'on pensait inaudible – lorsqu'elle n'était qu'inouïe. Elle donne à l'édifice, menaçant de s'effondrer, une éternelle assise. Non pas : « Tout est bien qui finit bien », mais : « Parce que j'aime à dire que tout est bien, alors, oui, tout finit bien. » La parole de bénédiction, quand elle scelle une vie, nimbe toutes choses de sa plénitude.

---

1. Ch. Baudelaire, « Le serpent qui danse », *in Les Fleurs du mal*, collection « Bibliothèque de la Pléiade », 1975, p. 30.
2. Georges Bernanos, *Journal d'un curé de campagne*, dernière page.

Il y a quelque chose de saint, voire de divin dans cette totale adhésion à sa vie. C'est que le pouvoir de consentir est directement emprunté à Dieu. Mieux encore : Dieu nous l'a donné, afin que nous en ayons l'usage. N'est-ce pas lui qui rythme le récit de la Genèse ? Chaque jour y reçoit sa bénédiction : « Et Dieu vit que cela était bon. » À l'ordre que Dieu donne (« Il en fut ainsi ») répond son contentement : qu'il en soit ainsi. Le premier poème, celui de la Création, est un hymne de louange que Dieu adresse au monde. Il est peut-être utile de souligner ici qu'il n'est aucun mythe fondateur qui insiste à ce point sur l'intrinsèque bonté de l'être. Oui, *le fond de l'être est bon*, qui a reçu de tout temps l'approbation du Créateur. Les mythes fondateurs, qu'ils soient théogoniques, tragiques ou orphiques, ont ceci de commun qu'ils nient à l'existence toute saveur propre. Seul le mythe adamique affirme la primauté du bien sur le mal[1]. Pour le dire autrement : Satan

1. Cf. Paul Ricœur, *Philosophie de la volonté*, tome II, livre 2, Deuxième partie « Les "mythes" du commencement et de la fin », Aubier, 1960, p. 374 et suivantes : « Le mythe étiologique d'Adam est la tentative la plus extrême pour *dédoubler* l'origine du mal et du bien ; l'intention de ce mythe est de donner consistance à une origine *radicale* du mal distincte de l'origine plus *originaire* de l'être-bon des choses. »

n'y apparaît jamais que comme une créature. Il n'est pas au principe de l'être. La foi issue du judaïsme, déployée dans ses ultimes conséquences par le christianisme, a ceci d'unique qu'elle confesse la bonté intrinsèque de ce qui est.

Si bien que quand, au terme du premier chapitre de la Genèse, vient la célèbre phrase : « Dieu créa l'homme à son image », on peut se demander si être à l'image du Créateur n'est pas précisément avoir en son pouvoir celui de consentir. Dire oui, comme Dieu l'a fait : cela semble être, au terme d'une lecture attentive des premiers versets de la Bible, le legs du Créateur à sa créature. Dieu a donné à la Création, par l'homme, l'instrument de sa propre bénédiction. Nous sommes le sel de la terre, dit Jésus[1], c'est-à-dire l'exhausteur de son goût. Aussi est-il écrit que, ayant introduit l'homme et, par l'homme, l'occasion pour l'univers de rendre sa saveur, Dieu affirme que cela est non seulement bon, mais « très bon[2] ». Comme l'écrit Simone Weil en une formule lumineuse :

> Consentir à l'existence de l'univers, c'est notre fonction ici-bas. Il ne suffit pas à Dieu de

---

1. Mt 5, 13.
2. Ge 1, 31.

trouver sa création bonne. Il veut encore qu'elle-même se trouve bonne[1].

Ce que demande la prière

« Consentir à l'existence de l'univers » : c'est là ce qui advient dans la prière des hommes. Car toute prière, en fin de compte, demande : « Que ta volonté soit faite. » Même celle qui, de la bouche d'un athée, s'adresse « à la nécessité seulement » :

> Que tu sois *éternel* !
> Que tu sois *nécessaire* !
> Mon amour, éternellement,
> S'embrase à la nécessité seulement.
> Emblème de nécessité,
> Sublime constellation de l'Être !
> Toi qu'aucun vœu n'atteint,
> que ne souille aucun *non*,
> éternel *oui* de l'Être,
> à jamais je serai ton *oui*[2].

---

1. « L'amour du Dieu et le malheur », *Œuvres*, Gallimard, « Quarto », 1999, p. 712.
2. Nietzsche, *Dithyrambes de Dionysos*, p. 71, traduction modifiée.

Prier, certes, signifie demander. Mais ce que la prière demande, c'est la grâce d'accepter ce qu'il adviendra. Sans quoi la prière se fait exigence. Dans l'optique chrétienne, une mère qui prie pour que son enfant malade ne l'ait jamais été, dans son désespoir, exige l'impossible. Ce qu'elle peut demander, c'est la force de continuer, dans l'épreuve qui est la sienne, d'aimer sa vie, d'y déployer les gestes qui soignent, de prononcer les paroles qui rassérènent. Tous les croyants qui ne désertent pas la foi à la première épreuve savent que la prière est de cette nature. Elle demande l'impossible, qui n'est pas d'avoir une autre vie, sans aspérité, sans souffrance (car il faudrait alors ne plus aimer, et la chose serait réglée). L'impossible qu'elle demande, c'est de continuer d'aimer dans l'épreuve. Jésus dit bien : « Qui demande obtiendra[1] » mais ce dont il parle alors, c'est de l'Esprit Saint, c'est de cette force au-delà de nos forces qui vient à leur soutien et nous donne de garder les bras ouverts là où toutes les bonnes raisons du monde conspiraient à nous les faire baisser.

---

1. Lc 11, 10.

CHESTERTON ET LEIBNIZ, MAÎTRES DANS L'ART D'AIMER LA VIE

Le rhinocéros de Chesterton

Dans l'introduction à l'un, parmi les livres d'apologétique chrétienne, des plus légers et des plus accessibles, Gilbert Keith Chesterton a cette phrase étrange : « C'est une chose que de raconter une entrevue avec une gorgone ou un griffon, une créature qui n'existe pas. C'en est une autre de découvrir que le rhinocéros existe bel et bien et de se réjouir de constater qu'il a l'air d'un animal qui n'existerait pas[1]. »

Ce dont souffre le monde moderne, c'est d'un évident déficit d'émerveillement. Preuve en est, le rôle qu'il donne aux loisirs et, plus particulièrement, à cette faculté que nous avons d'imaginer : l'imagination servirait à s'évader, à fuir la réalité, à inventer d'autres mondes. Elle serait une porte sur l'ailleurs, ailleurs dont

---

1. *Orthodoxie, op. cit.*, p. 19.

nous aurions besoin pour ne pas étouffer dans ce monde trop réel. Pour Chesterton, les choses sont différentes : le monde est en lui-même digne de notre émerveillement. Et si nous voulons le fuir, c'est faute de lui prêter attention. Or une telle attention peut nous être donnée par l'imagination : celle-ci porte en elle un pouvoir de déréalisation. Elle oppose à ce qui est ce qui aurait pu être. Ainsi naissent les gorgones et les griffons, les délires et les utopies. Mais cette fuite peut être plus qu'un aller sans retour : vacance de l'attention au réel, cette évasion permet de mieux revenir à ce qui est, lavés de nos lassitudes. Par elle, il s'agit non tant de voir de nouvelles choses que de voir à nouveau les choses. Comme de s'imaginer un animal aux yeux petits comme des billes mais à la carrure imposante, grise autant que magnifique, dont l'obtuse tête, terminée par une corne et de profonds nasaux, se trouve à la hauteur de pattes rondes et lourdes qui semblent clouer le sol – animal terrifiant, et cependant végétarien… Une gorgone ? Un griffon ? Non point : un rhinocéros. Un quelque chose qui, ayant le malheur de faire partie du monde réel, a été soustrait à notre faculté d'émerveillement. Un quelque chose qui, sitôt qu'on le déréalise, redevient étonnant, impossible, et par là surprenant. Le monde est gorgé d'impossibilités dont nous avons pris l'habitude. Le monde est plein de merveilles auprès desquelles nous avons omis de nous émerveiller.

Ce qui est vrai du rhinocéros l'est de celle ou de celui que nous aimons. Pensez donc à l'être qui vous est cher. Décrivez-le avec autant de justesse que possible, physiquement et moralement. Faites venir à votre mémoire les qualités morales qui forcent votre respect comme les défauts qui font son charme. Négligez seulement qu'un tel être existe. Oubliez un instant qu'il partage votre vie, votre lit, qu'il ait même vu le jour. Rayez-le de la carte du réel. Dépouillez-le de l'attribut de l'existence. Puis, convaincu de son inexistence, portez-le à votre imagination. Créez-le tel qu'il est en réalité : donnez-lui son prénom, habillez-le en rêve des qualités et des défauts dont il est en effet pourvu, fantasmez votre rencontre telle qu'elle s'est réellement produite, rêvez les combats d'humeur qui vous ont opposés, riez en concevant quelles querelles de personne seraient chaque jour surmontées… Enfin, souvenez-vous qu'un tel être existe, qu'il partage actuellement votre couche, qu'il porte ce doux prénom et le caractère dont vous l'avez vêtu. Vous avez là votre rhinocéros : un être impossible et qui pourtant existe. Un être qui mérite tout votre émerveillement.

La vie est belle

Il n'est de meilleure stratégie : reverser dans la contingence ce qui pourtant existe, mettre entre soi et sa vie la distance d'un « cela aurait pu ne pas être », se réjouir enfin que cela soit. C'est là le stratagème utilisé par l'ange du film *La vie est belle* de Frank Capra. Celui-ci est appelé au secours d'un honnête homme, proche des pauvres dont il est l'agent immobilier mais qui, acculé par son rival à essuyer l'imminence d'une faillite financière, vient de se disputer violemment avec sa femme bien-aimée et songe à en finir. L'ange est un peu idiot, semble-t-il, qui n'a même pas d'ailes : s'il sauve cet honnête homme, Dieu les lui a promises. Mais, en l'absence d'ailes, notre désespéré ne le croit pas. Toujours cette incrédulité de l'homme : comme si les anges qui furent, notre vie durant, les gardiens de notre humanité avaient tous eu des ailes ! Pour convaincre notre héros, l'ange a soudain une idée : il lui fait visiter la ville où il a vécu telle qu'elle serait s'il n'avait jamais vu le jour. En Job exaucé, l'homme découvre l'horreur de ce qui manque à la réalité quand un maillon en est absent. Sa femme est vieille fille. Ses enfants resteront à jamais dans les limbes. Ses pauvres sont sans logement. Un homme, qu'une de ses paroles anodines a un jour permis de reprendre courage, erre en mort-vivant dans les rues. L'ange ramène notre homme, ébahi, terrifié, sur le pont qui devait être celui de son suicide. À ceci près que son vœu le plus cher est désormais autre : « Je veux vivre ! Je veux exister ! » supplie-t-il. L'ange s'en va, sa mission accomplie, rêvant déjà à ses ailes. L'homme, convaincu désormais du pouvoir de l'ange, retourne à la ville en courant et la retrouve comme il l'avait quittée avant de sombrer dans la mélancolie. Il se précipite chez lui : « Mon amour, tu es là ! Et toi, ma petite, tu existes, oh, tu existes, comme c'est merveilleux. » Femme et enfants ne comprennent pas : cet homme qui, quelques instants auparavant, ne voyait que le trou dans son compte en banque et le mauvais mari qu'il croyait être regarde désormais le bonheur qui est le sien. Il est fou, comme un rire peut l'être : irrépressible joie d'avoir l'existence en partage. Joie du consentement : je veux vivre et je vis en effet. Rien ne m'a été enlevé puisque j'ai recouvré le pouvoir de me réjouir de ce que j'ai reçu. Oui, *la vie est belle*... encore faut-il s'être fait des yeux pour le voir.

Le réalisateur franco-polonais Krzysztof Kieslowski, en ce qui est peut-être un clin d'œil à Frank Capra, mettra en scène un procédé identique : dans le deuxième volet de la trilogie *Bleu, Blanc, Rouge,* Mikolaj, las de vivre, monnaie avec son ami Karol son propre assassinat. Ce dernier y consent : Mikolaj, quelques jours plus tard, est touché d'une balle… à blanc (comme le titre du film). Lui ayant donné une fausse mort, Karol donne à son ami une nouvelle vie : Mikolaj comprend que ce n'est pas la mort qu'il voulait, ni même vivre mieux – mais déjà vivre, tout bonnement.

N'importe quel homme dans la rue

Dans ce même ordre d'idées, Chesterton considère que les plus belles pages de *Robinson Crusoë* sont celles qui prennent soin d'énumérer la simple liste des objets sauvés du naufrage. « Le plus beau des poèmes est un inventaire[1]. » Pourquoi ? « Chaque ustensile de cuisine devient idéal parce que Robinson aurait pu le laisser tomber dans la mer. » D'où un nouveau type d'exercice spirituel à pratiquer quand la morosité semble prendre le dessus : « Observer n'importe quoi, le sceau à charbon ou la bibliothèque, et imaginer la joie que l'on

1. *Ibid.* p. 102.

éprouverait de l'avoir soustrait au naufrage pour le ramener sur l'île solitaire. » Rendre chaque chose à la splendeur de son éclat en mesurant la distance qui la sépare du néant. C'est là, pourrions-nous ajouter, le délice propre du chineur qui arpente les brocantes de France pour y ramener des meubles branlants ou d'invraisemblables statuettes de la Vierge : une brocante en plein air est un naufrage dont on peut avoir la grâce de sauver quelques précieuses épaves.

Mais ce que dit Chesterton va plus loin encore : c'est selon lui un exercice plus excellent encore que de penser que *tout ce qui nous entoure* a été sauvé de peu d'un éternel déluge. Ainsi se révèle la saveur de chaque être. D'autant que cela n'est pas absurde : quand on voit ce qu'il faut réunir de circonstances pour qu'une vie non seulement vienne au jour mais se prolonge jusqu'à la maturité, il n'est pas faux de dire que nous sommes tous des miraculés. Des accidents, avions-nous dit au début de ce livre. Mieux, nous dira Chesterton : des accidentés. Mieux encore : des miraculés.

Quand j'étais enfant, on parlait beaucoup d'hommes de génie à l'étroit ou ruinés financièrement, et il était courant de dire que plus d'un était un Grand *aurait-pu-être*. Pour moi, il est beaucoup plus important et surprenant de constater que n'importe quel homme dans la rue est un Grand *aurait-pu-ne-pas-être*[1].

La jeunesse des Anciens

Voilà en effet le mauvais mécanisme mental qu'il nous faut enrayer : nous partons de ce qui aurait pu – ou aurait dû – être, et condamnons ce qui est en son nom. « Je serais heureux si j'étais ceci ou cela... » : bonheur soumis à condition, vie conjuguée au conditionnel. Jamais nous n'avons la présence d'esprit de partir de ce qui est, ou de faire le détour par ce qui aurait pu ne pas être afin de mieux arriver à ce qui est.

C'est là ce qui explique que l'homme moderne, n'ayant jamais autant parlé de bonheur, le connaisse si peu. Car la mentalité de l'individu moderne dit à peu près ceci : « Je n'ai pas demandé à exister. J'espère au moins qu'on me rendra heureux. » Là où ceux que les Modernes ont nommés les « Anciens », sans doute pour les garder mieux à distance, pensaient les choses ainsi : « Je n'ai pas mérité de naître. Que dois-je faire pour honorer ce don ? »

1. *Ibid.* p. 102.

La différence semble subtile. D'un côté : « Je n'ai pas demandé à naître », de l'autre : « Je n'ai pas mérité de naître. » On pourrait presque entendre cette seconde phrase dans la bouche d'un Moderne, en donnant à « mériter » le sens d'une punition qu'on inflige. Différence imperceptible, à peine lisible au cœur de nos vies : quand vit-on avec au cœur la maxime moderne ? Quand va-t-on au monde riche de la perspective ancienne ? Un discernement s'impose : le bonheur est-il pour nous un dû ? Ou bien est-il une grâce, prolongeant celle première et plus profonde : la grâce d'exister ? Une chose est sûre : penser le bonheur comme un dû ne rend pas heureux. Il est des choses qu'on obtient à cette seule condition qu'on ne les exige pas. Il est des choses qu'on possède à la condition de ne les posséder point : « Qui veut sauver sa vie la perdra », disait le Christ. Qui veut à tout prix être heureux, ou tomber amoureux, ne le peut : car que peut bien signifier « tomber » volontairement ? C'est se vautrer. Être heureux, c'est tomber par en haut : pas plus que tomber amoureux, cela ne se commande. Mais cela peut du moins s'accueillir. Chacun connaît la terrible sentence de Pascal : « Nous ne vivons pas, nous espérons de vivre ; et nous disposant toujours à être heureux, il est inévitable que nous le soyons jamais. » Non point attendre, donc, mais, une fois encore, être attentif. Se faire des yeux pour voir ce qui advient. Et un cœur pour y loger la bonté de nos vies. Non pas posséder mais être assez dépossédé de son désir de posséder pour enfin prendre la mesure et l'amplitude du don de nos vies. Le pire péché n'est pas tant d'avoir croqué du fruit que d'avoir cru qu'il nous est dû. Le péché est d'être aveugle à ce qui est donné pour mieux revendiquer son dû : tous les arbres furent donnés mais le serpent oriente le regard d'Ève vers celui seul que Dieu avait interdit. Le seul péché qui soit, c'est l'ingratitude, écrivait Bernard de Clairvaux, car elle nous coupe définitivement du don de l'être. Elle est « l'ennemie de l'âme qui fait obstacle aux bienfaits… Elle est un vent brûlant qui dessèche la source de la bonté, la rosée de la miséricorde, les fleuves de la grâce[1] ». C'est pourquoi, « le vrai culte de Dieu consiste surtout en ceci que l'âme ne lui soit pas ingrate[2] ». Je n'ai pas mérité la vie. Que dois-je faire pour honorer ce don ?

Commencer par le recevoir : voilà la réponse inédite que le christianisme apporta à cette question. La dette est honorée si le don est

1. *Sermons* II et LI.
2. Saint Augustin, *De Spiritu et littera*, XI 18.

pleinement reçu. Parmi ceux que les Modernes nommèrent les Anciens, seuls les chrétiens iront au bout de la logique du don : si elle est don, la vie humaine doit être action de grâces. Là où l'aristocrate Platon valorise le sacrifice de l'homme à la Cité et aux dieux dont il est originellement redevable, le christianisme invite d'abord à prendre toute la mesure du don de l'être. Est-il d'ailleurs plus beau sacrifice que de dire *merci* ? Par là l'orgueil se tait et l'humilité parle. Dans l'action de grâces, le sacrifice est joie. Est-il même un autre sacrifice possible ? À cela, Philon d'Alexandrie répond :

> L'œuvre la plus propre à Dieu, c'est de répandre ses bienfaits ; l'œuvre la plus propre à la création, c'est de se répandre en actions de grâces, puisqu'elle ne peut offrir en échange rien de plus que cela ; tout ce qu'elle peut, en effet, vouloir offrir en action de grâces, on trouvera que c'est le bien propre du Créateur de toutes choses, non de la créature qui l'apporte. Puisque nous savons qu'il n'y a qu'une œuvre et une seule qui nous revienne parmi tout ce qui est à la gloire de Dieu : lui rendre grâces, employons-nous à cela sans cesse et en tout lieu[1].

---

1. Cité *in* Jean-Louis Chrétien, *L'Arche de la parole*, PUF, « Épiméthée », Paris, 1998, p. 167.

« Nous ne savons pas recevoir : nous ne croyons pas à la gratuité du don[1] », écrit Denis Vasse. Toujours, nous croyons qu'il faut payer ou faire payer : éternelle logique du sacrifice. Pourtant, dans l'optique chrétienne qui nous intéresse ici, le sacrifice sanglant a déjà eu lieu, une fois pour toutes. Il faut se souvenir du mot de saint Vincent de Paul, aux femmes qui refusaient d'accueillir chez elles des bébés abandonnés parce qu'ils étaient sans doute le fruit d'une union illégitime : « Quand Dieu veut faire payer quelqu'un pour l'un de nos péchés, c'est son Fils qu'il envoie ! » Ce qu'il revient à un chrétien, c'est donc seulement la grâce d'accueillir le don. Ce qui lui revient en propre, c'est de vivre la communion d'un repas qui tire son nom du grec *eucharistein* : remercier. Comme dit le Psaume : « Goûtez et voyez comme le Seigneur est bon[2]. »

Autrement dit : recueillons de cette vie toute sa saveur. Ce qui n'est pas « jouir sans entrave ». Là se dit la joie de recevoir, ici l'angoisse de prendre et de ne rien perdre. Là la main qui recueille, ici celle qui s'accapare.

---

1. *L'Autre du désir et le Dieu de la foi, Lire aujourd'hui Thérèse d'Avila*, Seuil, 1991 p. 89.
2. Ps 33.

Là le goût qui laisse intact, ici le profit qu'on veut tirer. « Il faut profiter de la vie », dit-on en effet, comme si profiter d'un ami était chose recommandable. Plus sage est de laisser la vie rendre toute sa saveur. Le drame de l'homme n'est pas de manquer : c'est de ne pas recevoir pleinement ce qu'il a.

Goûter

« Goûte-t-on assez la santé ? » demande Wilhelm Gottfried Leibniz[1]. L'optimisme de ce grand philosophe fut rendu célèbre par la moqueuse caricature qu'en a fait Voltaire dans *Candide*. La question, pourtant, est parfaitement posée : « Goûte-t-on assez la santé ? » Tous les mots sont ici à leur place, comme on en conviendra plus tard. La réponse à cette question, bien sûr, est négative : « On dira que les maux sont grands et en grand nombre, en comparaison des biens. » À quoi Leibniz répond d'un trait : « On se trompe. » Mesurez l'arrogance. Il aurait pu concéder que chaque cas diffère, qu'il est des vies ratées, d'autres réussies, selon que la quantité de maux surpasse ou est

1. W. G. Leibniz, *Essai de théodicée*, Première partie, § 13, GF Flammarion, 1969, p. 110 .

surpassée par celle des biens. Mais non : pour Leibniz, toute vie est toujours déjà réussie. En son principe. Il n'est jamais question que de s'en rendre compte. L'affirmation est scandaleuse. Elle n'en est pas gratuite pour autant. Le raisonnement est infaillible :

> Ce n'est que le défaut d'attention qui diminue nos biens, et il faut que cette attention nous soit donnée par quelque mélange de maux. Si nous étions ordinairement malades et rarement en bonne santé, nous sentirions merveilleusement ce grand bien, et nous sentirions moins nos maux ; mais ne vaut-il pas mieux néanmoins que la santé soit ordinaire et la maladie rare ? Suppléons donc par notre réflexion à ce qui manque à notre perception, afin de nous rendre le bien de la santé plus sensible.

Qu'aurions-nous à ajouter ? La preuve est faite que l'être est bon, pourvu seulement qu'on veuille le goûter. C'est là l'objet même du livre de Leibniz : la *Théodicée* prend la défense de Dieu, montre sa justice (*théo-dikè*) contre ceux qui l'accusent. Revenons un instant sur ce plaidoyer.

Peu de gens mettent dans leur vie assez de soins à goûter ce qu'ils ont. Comme la jeunesse, comme le bonheur, on reconnaît la valeur de la santé à la distance qui nous en sépare. Quand on l'a, c'est chose due, entendue, et par là insensible. Si donc Dieu nous avait fait six jours malades et le septième en grande forme, chaque dimanche serait jour de fête. La privation en serait telle que la santé apparaîtrait pour ce qu'elle est : un bien, quelque chose digne d'être l'objet de notre joie. « Mais ne vaut-il pas mieux néanmoins que la santé soit ordinaire et la maladie rare ? » La chose est indéniable. Mais alors la situation est absurde : chacun reconnaîtra d'une part qu'il est bon de jouir d'un bien de façon quotidienne mais que, d'autre part, cette quotidienneté a le défaut de le rendre insipide. Que faire ? Rien, mais écouter, regarder, laisser venir à soi. Il est une faculté qui ne s'use que de l'user trop peu : l'attention. C'est d'elle que vient le salut : « Ce n'est que le défaut d'attention qui diminue nos biens. »

C'est de n'y être pas disponible que le réel s'émousse et semble morne et plat. Comme il est difficile de vivre au présent ! Comme il est rare de vivre le présent comme ce qu'il est : un présent, c'est-à-dire un don qui n'attendait que d'être pleinement reçu. Goûte-t-on assez la santé ? « En rend-on assez grâces à Dieu ? » demande aussi Leibniz : pensé comme un dû, le bien de la santé ne brille que par son absence. Mais si, en tant qu'elle est un bien, fragile autant que précieux, la santé est reçue comme un don, c'est au présent qu'elle brillera. On ne reçoit pas un dû : on le réclame. Quand on l'a, rien n'est plus normal. Il faudrait donc se recueillir, se cueillir à nouveau, afin de mesurer la largesse du don qui nous est fait : « Suppléons donc par notre réflexion à ce qui manque à notre perception, afin de nous rendre le bien de la santé plus sensible. »

Le meilleur des mondes possibles

À l'indisponibilité de l'homme à son propre bonheur, c'est toute la philosophie de Leibniz qui est un remède. Leibniz a l'audace d'enseigner que nous vivons dans le meilleur des mondes possibles. La phrase, avons-nous dit, a fait grincer Voltaire et rire, après lui, tous ceux qui s'entendent à limiter l'art de vivre à « cultiver son jardin ». Les leibniziens eux-mêmes ne prêtent plus guère attention à cette formule trop lue et entendue. Pourtant, ce qu'elle recèle d'énergie pour les jours difficiles est inestimable. Sur un plan pratique, on n'est pas loin des exercices de déréalisation de Chesterton qui nous invite à imaginer que ce monde où nous vivons est moins réel que seulement possible, afin que, revenu à lui, nous soyons disposés à son enchantement.

Théoriquement, voilà ce que dit Leibniz : avant la Création, Dieu dut avoir devant lui, dans les largeurs inestimables de son omniscience, l'infinité des mondes possibles. Or c'est ce monde-ci, qui est actuellement le nôtre, qu'il a porté à l'existence. S'il n'avait pas choisi le meilleur de tous les mondes possibles, Dieu aurait agi de façon déraisonnable. Ce qui, à moins de n'être pas Dieu, n'est pas concevable.

D'un point de vue strictement théorique, cette façon de prendre les choses paraîtra quelque peu farfelue. Mais d'un point de vue pratique, la force de l'idée se révèle. Car si nous vivons dans le meilleur des mondes possibles, cela signifie que chaque fois que nous sommes enclins à haïr notre vie, nous devrions nous demander si, vraiment, nous la voulons autre. D'autres mondes sont possibles, une infinité même, que Dieu n'a pas choisis. Pourquoi ne l'a-t-il fait ? Un monde est possible dont on pourrait, par exemple, supprimer cette douloureuse histoire d'amour ou ce deuil qui n'en finit pas… Mais pourquoi ce monde-ci ? Ne faut-il pas être fou pour admettre qu'il est le meilleur des mondes possibles ?

Faisons donc cette expérience : tentons seulement de corriger le monde. Soyons Dieu et appliquons-nous à choisir un autre monde possible, d'où serait exclu tout ce qui nous fait souffrir. On verra aisément que toute chose se tient. Qu'il n'y a de souffrance qu'en tant qu'il y eut, d'abord, de l'amour. Qu'il n'y a de séparation douloureuse qu'en tant qu'il y eut, d'abord, le bienfait d'une relation d'amour ou d'amitié. Qu'il n'y a de douleur que par la grâce d'avoir un corps doué de sensibilité. On ne peut enlever l'un (douleur ou souffrance) sans enlever l'autre (sens et sensibilité). Il est donc bon qu'il en soit ainsi.

Aussi faut-il distinguer le meilleur des mondes que dépeint Aldous Huxley et le meilleur des mondes possibles de Leibniz : « le meilleur des mondes » est un monde sans âme ni sentiment. Un monde de zombies : de corps sans âme. On n'y souffre pas, mais aussi on n'y vit pas. Est-ce cela qu'on veut ? Si l'on y réfléchit attentivement, ce qu'on veut, au contraire, c'est ce monde-ci, dont Leibniz a l'audace de soutenir qu'il est parfait. Car toutes choses se tiennent et s'engendrent : la douleur naît de ce qu'on est sensible, et il vaut mieux l'être que d'être une pierre.

Certes, quand l'être cher vient à mourir, ce que l'on sait d'abord, de tout son être, c'est le vide laissé. Il n'y a tout à coup rien d'autre que cela : un vide immense que nos larmes sont impuissantes à combler. À bien y regarder, pourtant, ces larmes viennent de plus loin : elles sont la forme que prend la joie d'avoir aimé. Souffririons-nous si nous n'avions, *d'abord*, donné prise à l'amour ? Ce qui est premier n'est donc pas la perte, mais le don qu'elle suppose. Non pas la froide indifférence de la mort, mais la puissance de l'amour. Puissance à la mesure de notre tristesse. Ce à quoi nous invite Leibniz, c'est à replacer les choses dans leur ordre : voir que le mal est d'avoir pris le beau risque de vivre. Risque que l'on reprendrait à nouveau, si l'on pouvait choisir entre être ou n'avoir jamais été. Voilà ce qui advient quand le deuil, peu à peu, se fait : on rit à nouveau de ce qu'elle a été, cette personne aujourd'hui décédée, on se souvient comme il est bon qu'elle fût. Ce qu'on comprend alors, dans cet abandon à la vie à nouveau possible, c'est que la douleur de perdre avait pour mesure la joie d'avoir reçu.

De la conséquence à la louange

On peut penser ici à la sévère leçon des stoïciens : « Ne dis jamais, à propos de rien, que tu l'as perdu ; dis : "Je l'ai rendu." Ton enfant est mort ? Tu l'as rendu. Ta femme est morte ? Tu l'as rendue[1]. » La rigueur du propos ne doit pas évincer celle du raisonnement qui le sous-tend : le malheur, selon les stoïciens, vient de ce que nous ne savons pas régler notre jugement sur les choses. Aussi s'emporte-t-on de se trouver éclaboussé en allant aux bains publics. Or si nous avions examiné la chose, nous aurions vu qu'il fait partie de l'essence du bain public d'y contenir de l'eau et d'autres individus. Si nous souhaitions avoir l'assurance de n'être pas éclaboussé, il fallait aller dans un jardin public ou prendre un bain, seul, chez soi. Employons-nous à changer ce qui peut l'être et pour le reste accueillons-le : distinguons entre ce qui dépend de nous et ce qui n'en dépend pas. Ainsi, il ne dépend pas de moi que cette femme que j'aime ne soit pas une mortelle. Aimerions-nous telle personne si nous n'avions pas, au fond de nous, la conscience aiguë de sa fragilité ? Tout cela est un et ne peut être divisé. Il suffit seulement de savoir ce que l'on veut. Ainsi, et c'est là la leçon stoïcienne, faute de pouvoir faire tout ce que l'on veut, on peut du moins vouloir ce que l'on fait.

Les stoïciens invitaient à vivre de façon conséquente. École du consentement, en effet,

---

1. Épictète, *Manuel*, § 11.

et de l'obéissance : remède à la vaine colère. Or Leibniz va plus loin que l'école stoïcienne. Certes il insiste, en bon philosophe, sur la nécessité d'être conséquent : il faut savoir ce qu'on veut. Mais parce qu'il est chrétien et non seulement philosophe, puisqu'ainsi il crédite l'être d'une bonté intrinsèque, plus qu'à la conséquence, c'est à la louange qu'il invite : il ne dit pas seulement qu'aimer un être, c'est l'aimer avec toutes ses qualités, dont celle d'être mortel. Il affirme que l'amour prime la souffrance dont elle est la condition. Et puisque la mort ne frappe jamais que des vivants, c'est encore l'être qui prime le néant et la vie qui conditionne la mort. Nous ne pleurons jamais que par amour. Nous ne tombons malade que d'être en vie. Nous avons reçu avant que de pouvoir perdre. Et en perdant, nous mesurons encore la largesse du don.

L'acquiescence

« Goûte-t-on assez la santé ? » Là donc est la question : la tâche à venir, c'est d'aiguiser le goût. Il ne sert à rien de multiplier les expériences : la valeur d'une vie ne se mesure pas à la quantité d'expériences que l'on a faites mais à la qualité de présence qu'on y a mise.

Ceci, une petite analogie peut nous le rendre sensible.

Un ami à moi s'est un jour entendu dire qu'il était devenu agueusique : ayant trop peu stimulé ses papilles gustatives en un âge où il est important de les éduquer, il a perdu le sens du goût. En bouche, l'excellent vin de Bordeaux n'est jamais qu'une eau plus épaisse. Et l'entrecôte un morceau de pain de mie plus coriace que les autres. Que servirait de l'inviter à manger dans un restaurant gastronomique pour son anniversaire ? Rien : il faut avoir le goût des choses pour qu'elles rendent le leur.

Aussi se trompe-t-on grandement quand on dit que, si l'argent ne fait pas le bonheur, il y contribue néanmoins. L'argent ne saurait être la condition d'aucun bonheur. N'y a-t-il pas des alcooliques au champagne ? L'argent rend heureux ceux qui ont le goût de la vie. L'argent rend heureux ceux qui le sont déjà. Celui qui, comme mon ami agueusique, ne peut goûter la soupe de sa mère ne saura honorer la saveur du velouté d'asperge façon Argenteuil. Ainsi se pourrait-il que nous vivions dans le meilleur des mondes possibles. Qu'il faille seulement apprendre à discerner sa saveur propre. Ainsi se pourrait-il qu'un tel monde mérite ce que Leibniz, qui était latiniste de langue allemande écrivant en français, nomme d'un néologisme délicieux : notre « acquiescence[1] ».

« Acquiescence » : par sa beauté, ce mot à lui seul eût racheté l'univers.

1. *Discours de métaphysique*, chapitre 4, « Que l'amour de Dieu demande une entière satisfaction et acquiescence touchant tout ce qu'il fait... »

TOUT EST ACCOMPLI

Ce qui soutient le monde

Et c'est peut-être jusque-là qu'il nous faut oser aller : jusqu'à dire que ce monde, devrait-il finir demain, aura accueilli en son sein assez de beauté et de bonté pour qu'on ne puisse rien ajouter ou retrancher à sa pleine perfection. Mille fois, en mille lieux, dans le rire des enfants ou le pleur de joie, dans la beauté des cieux et la bonté des êtres, par la parole qui guérit et le geste qui sauve, le monde a trouvé son entière justification et son plein accomplissement.

Cela, nous l'ignorons. Car le bien est par essence discret. La destruction s'accompagne de fracas. Ce qui grandit, au contraire, le fait en silence. Quel son rend le pétale qui, au matin, se défroisse lentement ? C'est un fin bruissement d'air. Presque rien. Mais qui se fait une oreille pour l'entendre, qui voit le travail discret et non moins réel de l'Esprit dans la Création, qui parvient à pressentir avec quelle habileté l'Esprit dompte la matière, celui-là voit soudain ce qu'il y a sur terre de beauté, de bonté, de force et de vie. La haine qu'on surmonte, le cœur qui s'ouvre, l'aveu de faiblesse qui nous confie à l'autre, le baiser qui remet à la nuit, le signe de vie, la petite attention pour dire qu'on pense à l'autre, la chanson qui émeut jusqu'aux larmes : n'y aurait-il eu qu'une fois tel ou tel instant de grâce, le monde n'aurait pas été vain. Mais c'est à l'infini que ces gestes sont faits, comme une invisible chorégraphie, comme cet « hymne de silence » dont parle Grégoire de Naziance dans sa célèbre prière. Un effort secret soutient le monde et l'empêche, à chaque instant, de sombrer dans l'abîme de la haine et de la violence.

C'est inaudible pour notre désir, car le désir, par essence, veut que le monde soit autre qu'il n'est. Il veut l'ordonner à lui et agir en ce sens. C'est inaudible mais il faut le lui dire : le monde est *déjà* justifié. Saturé de joie, de beauté et de saveur, il est depuis longtemps la victoire de la vie sur la mort, de l'être sur le néant, du sens sur le non-sens. Tout ce que nous vivons aujourd'hui, c'est comme par surcroît qu'il nous est donné de le vivre : notre souci et notre affairement n'y changeront rien. En mille de ses points, le monde a trouvé de quoi le justifier. Au désir, toujours impatient de faire, de prendre et de ne rien perdre, il faut donc répéter ces mots de Jésus sur la croix : « Tout est accompli[1]. » Il n'y a plus qu'à célébrer.

Décentrement

Pensée difficile, en effet, tant nos vies sont pleines de défauts qu'on voudrait corriger et de malheurs qu'on aurait voulu éviter. Pensée qui réclame, pour être pleinement reçue, un parfait décentrement. Car si ma vie seule, ou le goût que j'en ai, ne suffit pas à faire que tout soit accompli, il faut encore admettre que je ne suis pas le seul être sur terre. Chacun de ces autres humains peut vivre sa vie avec une joie telle qu'il la justifie, cette vie comme toute vie, à l'heure même où moi je me débats dans la mauvaise humeur. C'est là peut-être le sens d'un poème de Valery Larbaud à propos de quatre femmes dont il eut la grâce de surprendre l'étrange beauté et qu'il regrette de ne pas pouvoir posséder autrement que dans ces odes qu'il compose pour elles et qui ouvrent, au cœur d'un « post-scriptum », cette belle parenthèse :

1. Jn 19, 30.

Ô mon Dieu, ne sera-t-il jamais possible
Que je connaisse cette douce femme, là-bas, en Petite-Russie,
Et ces deux amies de Rotterdam,
Et la jeune mendiante d'Andalousie
Et que je me lie avec elles
D'une indissoluble amitié ?
(Hélas, elles ne liront pas ces poèmes,
Elles ne sauront ni mon nom, ni la tendresse de mon cœur ;
Et pourtant elles existent, elles vivent *maintenant*.)[1]

Ces femmes existent sans moi. Quoique je ne puisse posséder leur joie et leur beauté, celles-ci n'en sont pas moins réelles. Car, répétons-le, je ne suis pas le centre du monde : combien d'êtres humains, actuellement, justifient par leur beauté l'existence tout entière ? C'est là, pour mon ego, une pensée difficile et douce à la fois. Encore veut-elle être précisée. Il serait plus exact de dire que je ne suis pas *le seul* centre du monde : l'univers, écrivait Pascal en citant Maître Eckhart qui l'appliquait à Dieu, est « une sphère infinie dont le centre est partout et la circonférence nulle part ». Ainsi, chaque fois qu'un homme vibre de félicité, il

1. *Les Poésies de A.O. Barnabooth*, NRF Gallimard, collection « Poésie », 1966, p. 63.

est l'un de ces centres du monde : car en lui le monde trouve sa juste bénédiction. C'est pourquoi, quand la morosité l'emporte, il faut se souvenir qu'elle n'entame pas la joie des amoureux, qu'elle ne pèse pas sur leurs vœux de bonheur, qu'elle n'emporte pas dans son chagrin les rires des enfants qui naîtront de leur amour. Il faut apprendre à se réjouir du bonheur des autres : ils sont la preuve vivante que la vie vaut d'être vécue, alors même que nous sommes pris dans le cachot de nos torpeurs.

C'est ce à quoi Simone Weil, elle aussi, nous invite dans une lettre qu'elle adresse à un résistant au régime de Franco fait prisonnier en Algérie. Dans des mots d'une simplicité et d'une parfaite douceur, elle apporte à cet homme inconnu d'elle le réconfort dont il avouera, plus tard, avoir eu tant besoin. Peut-être lui a-t-elle permis de répondre à cette profonde question : comment aimer alors qu'on est enfermé ? Comment acquiescer à la vie ? Il faut, pour cela, être décentré et goûter, par le regard des autres, les biens qui emplissent le cœur des hommes :

> Cher ami,
>
> Il fait ici un temps merveilleux ; il y a des flots de lumière sur la mer et les arbres se couvrent

de feuilles. Je suis heureuse de savoir que tu trouves de la joie à regarder les montagnes. Tant qu'on a des choses telles que la mer, les montagnes, le vent, le soleil, les étoiles, la lune, le ciel, on ne peut pas être tout à fait malheureux. Et même si on était privé de tout cela et mis dans un cachot, savoir que toutes ces choses existent, qu'elles sont belles, que d'autres en jouissent librement doit toujours être une consolation[1].

Le mérite d'exister

Tout est accompli en un second sens, qui touche à la racine même des choses. Le monde est justifié non seulement par ces éclaircies où se donne à voir la beauté des choses que les hommes partagent : il l'est, plus originellement, par le simple bonheur qui s'attache au fait de vivre. *Être* est davantage que *ne pas être* ; vivre vaut mieux que ne pas vivre car toute vie, si imparfaite soit-elle, a déjà pour elle d'exister. Elle a cet étrange « mérite d'exister » – comme on dit d'une chose qu'elle a « le mérite d'exister ». Ainsi l'enfant se réjouit-il, tout simplement, de vivre : sa joie de grandir, de comparer sa taille d'il y a trois mois avec celle qu'il fait

1. Cf. « Lettres à Antonia Atarès », *Œuvres*, p. 683-690.

aujourd'hui prouve que le déploiement de la vie en lui suffit à le rendre heureux. De même a-t-il trouvé plaisir non point d'abord à aller ici ou là mais seulement à marcher. Sa joie, enfin, ne fut pas de véhiculer telle ou telle information mais, avant tout, d'apprendre à parler[1]. Il y a une joie prise à la vie. La vie, comme la rose du poète mystique Angelus Silesius, a en elle-même sa raison d'être : elle fleurit parce qu'elle fleurit, et n'a de pourquoi que d'éclore et de donner son fruit.

Une question s'impose, pourtant : ce que nous venons de dire incline à penser que *toutes les vies* valent d'être vécues. Toutes ? Même ces vies écrasées sous le poids du sort, de l'injustice, de la misère ? Affirmer la bonté *a priori* de la vie, n'est-ce pas une belle idée, certes, mais abstraite ? Pas du tout. Remettons, en effet, les choses à l'endroit : c'est parce que la vie vaut

1. Cette joie d'être ce que nous sommes (des êtres vivants, mobiles, parlant, connaissant) n'est pas le privilège de l'enfance. Concernant la seule faculté de sentir, Aristote, avec la simplicité et la sagesse qu'on lui sait, écrit en ouverture de la *Métaphysique* : « Tous les hommes ont, par nature, le désir de connaître ; le plaisir causé par les sensations en est la preuve, *car, en dehors même de leur utilité, elles nous plaisent par elles-mêmes*, et, plus que toutes les autres, les sensations visuelles. » (Traduction Tricot, Vrin, Paris, 1991, p. 1. Je souligne.)

en elle-même d'être vécue que la misère morale ou matérielle est un scandale. C'est parce que la vie est *par elle-même* un joyau qu'il est honteux de naître dans des conditions qui lui sont indignes. Le combat contre l'oppression, quelle qu'elle soit, n'a de sens que parce qu'il vaut mieux être que ne pas être. Si la vie n'avait en elle-même ni sens ni saveur, à quoi bon la défendre ? Cela, Rosa Luxemburg l'avait bien dit : à ceux qui la suspectaient d'aller au-devant du martyre, elle précisait qu'on ne peut pas être révolutionnaire si l'on n'aime pas la vie[1].

C'est pourquoi, soit dit en passant, il est tout à fait étrange de constater que tant d'hommes de gauche, soucieux de justice, peuvent être *en même temps* résolument athées, matérialistes, empressés de débusquer en toute chose l'œuvre de la bassesse humaine, jouissant de réduire les productions de l'Esprit à des phénomènes strictement sociaux, mettant un point d'honneur à confesser l'absurdité de l'existence. Car pourquoi se battre à libérer les hommes s'ils ne sont que des monceaux de nerfs et de muscles ? Pourquoi œuvrer à rendre plus juste un monde d'animaux insensés ? Depuis les Lumières, on a rendu universelle

1. Lire ses lettres émouvantes à Mathilde Wurm (28. déc. 1916) et à Louise Kautsky (15 avr. 1917).

l'éducation pour apprendre aux hommes qu'ils ne sont jamais que des singes et qu'il n'y a rien au monde, entre les individus ou les sexes, que rapport de domination. Dans le même genre d'aberration, on s'est battu pour la libération des femmes avec au cœur la doctrine matérialiste de la détermination génétique. Ainsi n'a-t-on fait que rendre plus prégnante l'aliénation biologique.

Il faut donc, à rebours de toutes ces inconséquences, affirmer que tout combat en vue de la justice a une dimension métaphysique et spirituelle qu'on ne peut éluder. Tout combat véritable confesse, à la façon du christianisme, la valeur *a priori* de la vie. Les révolutionnaires de ces trois derniers siècles ont été de grands matérialistes et de grands réductionnistes. Mais on voit aussi ce qu'ont donné leurs révolutions.

L'anniversaire et la fauvette grisette

Ainsi donc être, et seulement être, serait déjà un bien. Autrement dit : *on est mieux que rien*. Cela, chacun, au fond de lui, le sait. Pour preuve, considérons ce rite sans prétention que l'on observe partout en Occident : l'anniversaire. Imaginez des parents qui choisiraient désormais de fêter, au lieu de son anniversaire, le jour heureux où leur enfant obtint tel ou tel diplôme. L'idée paraît choquante. Pourtant, c'est le fait même de l'anniversaire qui est étrange. Quand en effet on fête à quelqu'un sa propre naissance, on célèbre un simple fait, des plus évidents : cet homme est né tel jour. En outre on récompense ce qui n'a exigé nul mérite. C'est donc la preuve qu'on reconnaît à l'existence d'être en elle-même un bien. Fêter l'anniversaire de quelqu'un, honorer par un cadeau le fait de sa naissance, c'est lui dire : je suis heureux que tu sois. Non pas que tu sois ceci ou cela, que tu sois, par exemple, admis dans telle ou telle école. Non : ce qu'on fête alors, c'est la simple apparition d'un être dans l'existence, confessant qu'il est bon d'être, plutôt que de n'être pas. Ce qu'on dit à l'enfant en ce jour heureux, c'est ceci : ta seule existence m'est déjà un bienfait. Si nul ne pensait au fond qu'*être* est déjà un bien, il n'y aurait pas d'anniversaire.

Par l'institution de l'anniversaire, nous donnons une forme à l'un des plus puissants sentiments qui soit : la joie de vivre. La joie de vivre a ceci de commun avec l'anniversaire qu'elle suppose que le simple fait d'avoir reçu la vie est un bien positif. Car la joie de vivre ne l'est pas d'avoir vécu ceci ou cela. Mais de vivre. Elle est le bonheur pris à être : ce qui n'est possible que parce que être, c'est déjà quelque chose. Ainsi que l'écrit le rêveur solitaire : « Le sentiment de l'existence dépouillé de toute autre affection est par lui-même un sentiment précieux de contentement et de paix, qui suffirait seul pour rendre cette existence chère et douce à qui saurait écarter de soi toutes les impressions sensuelles et terrestres qui viennent sans cesse nous en distraire et en troubler ici-bas la douceur[1]. »

Cette joie d'être soi, un simple oiseau vous la dirait s'il pouvait parler. Mais il peut mieux : il peut chanter. Que fait un oiseau quand il chante ? Certes, il attire une femelle ou marque un territoire. Rien que de très utile. Rien qui n'ait rapport à la joie d'exister. Mais il y a plus. Le grand zoologiste suisse Adolf Portmann, que les écrits d'Hannah Arendt ont aidé à faire connaître, a porté un temps ses travaux sur le comportement de la fauvette grisette. Or il en est arrivé à distinguer deux chants : d'une part le chant « à motifs », c'est-à-dire à visée utilitaire (écarter l'ennemi, attirer la femelle) ; d'autre part le chant juvénile, plus originaire que le chant « à motifs », plus riche en ses sonorités, et sans

1. Jean-Jacques Rousseau, *Les Rêveries du promeneur solitaire*, V[e] promenade, Le Livre de Poche, 1965, p. 98-99.

visée autre que lui-même. « C'est un chant auquel l'oiseau s'adonne pour lui-même, comme une fin en soi, en y éprouvant manifestement une grande jubilation (et alors qu'il se trouve dans une solitude complète)[1]. » Autrement dit, quand la fauvette entonne en automne la ritournelle de son chant, elle ne fait que manifester par là *la joie d'être une fauvette grisette*. Et il est tout à fait remarquable que ce chant qui émane des profondeurs de son être ait une plus pleine musicalité que les chants dits fonctionnels. Comme s'il y avait une positivité de l'être dont chaque vivant est la fierté.

L'enfant, tout petit, « sourit aux anges ». Parfois, à peine éveillé, le bébé module sa voix en des chants qui n'ont d'autre finalité que d'exulter. Si un tel chant réveille les parents, ce n'est pas pour qu'ils accourent un biberon à la main. C'est seulement pour inscrire sur leurs lèvres un sourire attendri : « Qu'il est bon d'avoir l'existence en partage », se disent-ils en laissant s'instiller en eux la joie de leur enfant.

1. Jacques Dewitte *La Manifestation de soi, Éléments d'une critique philosophique de l'utilitarisme*, Éditions de la Découverte, collection « Textes à l'appui, bibliothèque du m/a/u/s/s », Paris, 2010, p. 37-39.

LA JOIE DOULOUREUSE DE VIVRE

L'accomplissement trinitaire

L'idée selon laquelle « tout est accompli » doit donc s'entendre de deux manières : non seulement l'être contient en lui assez de bonté pour donner prise à notre émerveillement mais en outre il est par lui-même une bonne chose. La foi chrétienne fait un pas de plus : elle pense cet accomplissement non comme la fin de la vie humaine mais comme sa source. L'originalité du christianisme tient en effet en ce que l'unité du Dieu qu'elle confesse est pensée de façon relationnelle. Dieu est par essence circulation d'amour. Il est, dès l'origine, une déchirure surmontée, c'est-à-dire une « union qui sépare » ou une « séparation qui unit ». Il est le drame éternel de l'amour qui se donne et espère être reçu.

Dieu est Trinité. Il n'est d'autre façon de le penser, selon ce que permet notre intelligence. Car si Dieu existe, il ne peut être que pleinement. En lui, nul néant. Mais si son être est plénitude, il doit être aussi, dans le même mouvement, don amoureux et total de soi, kénose[1]. Un Dieu qui ne serait pas don total de soi, amour inconditionnel, ne serait pas Dieu. Un Dieu jaloux de sa puissance prouverait par là son impuissance. Il n'est de puissance véritable que de tout donner. Selon le mot de Maurice Zundel, Dieu est originellement pleine et entière désappropriation de soi.

Aussi Dieu est-il dès l'origine Père et Fils et relation entre les deux. La Trinité, symbole essentiel à la foi chrétienne, présente un Dieu (le Père) qui se désapproprie si parfaitement de lui-même, qu'il engendre un autre (le Fils) qui est à la fois le même (il lui a tout donné) et autre (sans quoi il n'y aurait pas eu don). Tel est en effet le mystère de l'amour : être parfaitement uni dans l'irréductible différence. Cet amour qui unit le Père et le Fils par leur union et leur différence est lui-même une personne, la troisième de la Trinité : le Saint-Esprit. Puisqu'en Dieu il ne se peut concevoir rien d'accidentel, de secondaire, la circulation d'amour elle-même est une pleine et entière réalité. Ce que l'on entend bien à notre niveau, simplement humain : vivre en couple,

---

1. On appelle kénose le mouvement par lequel Dieu se vide de sa divinité en son Fils : Jésus en tant que Christ, c'est Dieu bébé, Dieu enfant, Dieu dont on doit prendre soin, Dieu qu'on peut négliger au point de le mettre à mort.

c'est prendre soin l'un de l'autre, mais c'est aussi prendre soin, ensemble, de son couple. L'histoire d'amour a une réalité aussi tangible que ceux qu'elle lie. Aussi chaque fois que l'homme prend soin d'un homme, se surmonte pour donner à autrui, chaque fois l'Esprit Saint de la divine circulation d'amour souffle sur la terre.

Dieu est une déchirure surmontée. Ayant tout donné au Fils, il lui a donné d'être autre que le Père. Dieu a consenti à l'altérité au cœur de l'unité, à la relation au risque de la liberté. C'est là le drame proprement divin : consentir que l'autre soit autre, pleinement autre et espérer toutefois que le don de cette pleine liberté ne soit pas l'occasion d'une définitive déchirure. Or le Fils, se recevant du Père, a éternellement dit ce qu'il dira au mont des Oliviers, inscrivant l'éternité dans le temps : « Non pas ma volonté, mais ta volonté. » Ainsi, mu par l'Esprit Saint, le Père a toujours déjà pu accourir vers son Fils prodigue.

La joie douloureuse d'aimer

En Dieu, il n'est donc point de manque. En lui s'accomplit déjà, avant la création du monde, la joie d'aimer, de perdre tout pour tout recevoir d'un autre. Dieu n'a pas créé le monde par ennui, par solitude ou pour manifester sa puissance. Ce sont là des visions humaines, trop humaines. La raison du monde, la voici : donner en partage la plénitude de sa vie divine. Selon le mot même du Christ : « Afin que ma joie soit en vous et que votre joie soit parfaite[1]. »

Il faut cependant s'entendre sur la nature de cette joie parfaite comme sur le sens de cet éternel accomplissement auquel nous pouvons avoir part. La joie dont il s'agit est celle d'aimer. Par nature relationnelle, cette joie est ouverture à autrui et par autrui. Mais aussi est-elle douloureuse. Si Dieu est amour, il est en lui une secrète douleur que partagent tous ceux qui aiment. L'amour, en effet, est sentiment d'attachement à un être. Or cet attachement ne dit pas que de belles choses : une mère qui refuse que son enfant parte faire des études à la ville l'aime, c'est évident. Mais d'un amour possessif. En quoi l'amour ne s'accomplit pleinement que dans un difficile détachement à la faveur duquel il devient possible d'aimer le bonheur d'autrui pour lui-même, quand même nous n'en aurions aucune part. « Je suis content pour toi », dit-on à l'ami qui a trouvé la femme de sa vie et que, pour cette raison, on ne verra plus si souvent. Ce contentement, pourtant sincère et

1. Jn 15, 11.

véritable, fait mal (d'autant plus mal qu'il est plus sincère) : « Je suis content », certes, mais « pour toi », précise-t-on, dans le deuil que l'on fait de la possession de celui qu'on aime, dans la joie douloureuse de laisser autrui à sa liberté.

C'est là la douleur propre à toute paternité. Le travail d'un père ou d'une mère a ceci d'étrange qu'il n'a pas pour but de gagner quelque chose mais de le perdre. La joie d'un père est de voir son fils grandir et lui échapper chaque jour plus complètement. Cette joie de l'autre, cette joie née de ce que l'autre soit libre de moi, c'est là cette joie divine dont nous parlions plus haut : Dieu est amour, il est la joie de surmonter la possession par la dépossession, l'attachement par le détachement. Il est une cascade d'amour, donc de libération : éternelle désappropriation du Père dans le Fils, il est aussi l'abandon toujours déjà consenti du Fils aux mains des hommes et des hommes eux-mêmes à leur propre liberté. La joie de Dieu est parfaite mais, parce qu'elle est joie d'aimer, elle porte, dans le temps même de sa plénitude, l'écartèlement de la Croix. « Tout est accompli » : la phrase est prononcée du haut de la croix, juste après celle qui dit la séparation : « Mon Dieu, mon Dieu, pourquoi m'as-tu abandonné ? »

L'homme n'a, ici-bas comme dans les cieux, rien de mieux à espérer que cela : participer à la joie trinitaire, qui est une joie douloureuse. Il ne peut désirer que cela : s'ouvrir toujours plus à la joie d'aimer autrui pour lui-même, s'ouvrir assez pour en souffrir, pour sentir qu'en soi commence à battre la pulsation d'amour à la faveur de laquelle le Père donne tout au Fils, espère sa reconnaissance et la reçoit enfin, quand celui-ci surmonte par amour, sur un éternel mont des Oliviers, le vertige de sa liberté. Le sommet du bonheur pourrait bien être un gouffre de douleur[1]. Et quand il est dit que ceux qui pleurent seront consolés, peut-être est-ce parce que, contemplant l'amour divin, ils comprendront que la souffrance est l'essence de l'amour et qu'il n'est pas de joie plus grande que d'aimer. Nous n'aurons rien de plus que cela : la joie douloureuse d'aimer.

L'objet de l'espérance n'est donc pas l'ataraxie des Grecs, c'est-à-dire l'absence de troubles. Le Prozac y suffit. Le saint chrétien n'est pas le sage antique ou le moine bouddhiste : jusqu'au bout, il vit l'intranquille condition d'avoir à aimer. Sans doute n'y a-t-il

---

1. « Naissance de Madeleine, ma seconde fille. L'Homme étant immortel, chaque naissance est un nouveau gouffre. Gouffre sur Dieu, sur le Paradis, sur l'Enfer, sur l'Irrévocable, sur l'Irréparable, sur l'Absolu… » Léon Bloy, *Journal*, 9 mars 1897, vol. I, Robert Laffont, Bouquins, Paris, 1999, p. 193.

d'ascèse plus grande, plus réelle[1]. Car que sont, finalement, les colères de Jésus, au Temple ou droit dans les yeux de ses disciples, sinon autant de chants d'amour qui disent ce qu'il en coûte d'avoir un cœur ouvert ?

La fragilité d'aimer

L'incarnation, par laquelle Dieu se donne au point de n'être qu'homme, autorise à penser qu'il n'est rien d'humain qui n'ait été assumé, sanctifié, justifié par Dieu lui-même. Aussi n'est-il pas blasphématoire de penser que l'inquiétude du père de famille qui a laissé son fils aller à une fête dont il sait qu'il y aura de la drogue, de la douce comme de la dure, que cette inquiétude-là a la densité et la profondeur du drame éternel qui se joue en Dieu. Le père ne pouvait pas ne pas laisser partir son fils. Il est un temps où la confiance qu'on *fait* remplace la confiance qu'on *a* : tant que mon fils

---

1. « Quiconque a sincèrement essayé d'aimer, ce qui s'appelle aimer, sans revendiquer ni exclure, sait que c'est une ascèse bien plus implacable que toutes celles qu'on peut s'imposer. Car elle n'est pas notre affaire. Elle vient de l'autre, sur lequel nous sommes sans pouvoir. » Maurice Bellet, *Le Dieu sauvage*, Bayard, Paris, 2007, p. 172.

est ce petit enfant dont je sais tout, j'*ai* confiance en lui. Dès lors que son jardin secret devient plus grand et mieux entretenu, je n'ai plus qu'à lui *faire* confiance. Lui refuser cette confiance, c'est l'aimer, certes, mais de façon possessive : la coquille d'un œuf doit être assez solide pour protéger l'oiseau et assez fragile pour lui permettre de la briser et de s'envoler. La seule chose que peut désormais le père, c'est donc espérer en son fils : espérer qu'il choisira le bien dont la voie lui a été dessinée plutôt que le mal qui partout sème la mort. Il ne lui appartient que de se réjouir que son fils, sur le difficile chemin de la vie, continue d'avancer, en évitant les pièges. Dans cette joie, encore une fois, il y a la douleur d'aimer. Les bras ouverts au fils prodigue sont comme ceux du poème d'Aragon : ils dessinent une croix.

Dieu, avons-nous dit, ne peut pas ne pas aimer. Comme le dit merveilleusement Simone Weil, Dieu n'aime pas comme nous aimons : Dieu aime comme l'émeraude est verte[1]. C'est là son être propre. C'est pourquoi Dieu ne sait faire que cela : espérer en l'homme. La voie du salut a été donnée à l'homme. Il ne s'agit que de se laisser aimer par Dieu et de sentir,

1. Simone Weil, *Cahiers*, *Œuvres complètes*, tome VI, volume IV, Gallimard, Paris, 2006, p. 171.

auprès d'autrui, à quel point lui-même est aimé, sinon de moi (c'est si difficile) mais de Dieu, toujours. Poser sur lui comme sur moi ce regard pur de toute peur. S'employer chaque jour à cela est suffisant. Mais Dieu ne contraint pas, pas même au bonheur. Il attend, dans l'espoir que chaque être, selon son ordre, donne tout son fruit.

Généralement, on se trompe sur la puissance de Dieu : on la voit comme une contrainte qu'il exerce. Dieu pervers qui enlève soudain le bienfait dont on jouissait. Dieu tyran qui tire les ficelles de ce monde. Or, comme on l'a dit, il n'y a de puissance véritable que d'y renoncer. La grandeur de Dieu, c'est de s'être fait enfant, pauvre, mendiant. « *God's infinity / Dwindled to infancy* », dit le poète[1]. Sa force fut de s'être proposé sans s'imposer. Non pas de protéger ceux qui lui offrent des sacrifices mais, au contraire, de rejoindre par sa souffrance ceux qu'on sacrifie aux puissances : « Chacun des biens que vous faites à l'un de ces petits, c'est à moi que vous le faites[2]. » De la même façon, on se trompe concernant la joie divine : elle est déchirement et non ataraxie, croix et non point

1. « L'infini de Dieu / Amenuisé jusqu'à l'enfance », vers extraits de *Grandeur de Dieu*, *op. cit.*, p. 61.
2. Mt 25, 40.

mer étale. Elle ne déteste pas l'effort par lequel on s'ouvre à plus que soi : elle ne refuse que le confort. Elle est chrétienne, somme toute, et non point grecque ou tibétaine.

La beauté comme consentement

Que tout est accompli, chacun de nous l'a su, déjà. Mais d'un savoir d'avant les mots. D'un savoir qui n'était que saveur. Je veux ici parler du sentiment de beauté. Qu'est-ce qu'une joie esthétique sinon l'expérience charnellement vécue de la complétude ? Quand la beauté saisit un homme, ce dernier ne trouve rien à redire. Il aime ce qu'il trouve beau. La chose lui plaît, la chose lui parle. Il adore car il adhère : le sentiment authentique de la beauté est l'accord vécu de l'être et du devoir-être. C'est la sensation que toute chose est à sa place. Ce soleil qui enflamme de son rougeoiement la cime des sapins, par-delà les montagnes, est à sa place qui organise autour de lui cette symphonie silencieuse. Dans ces moments, nous consentons, au sens précis où nous consonnons par la sensation (ce que veut dire « con-sentir ») à l'ordre du monde.

« Je suis parfois traversé d'un sentiment de bonheur éclatant, qui ébranle toute mon âme », écrivit un jour le cinéaste de génie que fut Andreï Tarkovski. « Dans ces minutes d'harmonie, le monde qui m'entoure revêt son aspect véritable – équilibré et nécessaire[1]. » Nous sommes comme contraints à la beauté, mais d'une douce contrainte : l'objet beau, il n'est pas question qu'il soit autre qu'il n'est. Trouver beau, c'est savoir que la chose est parfaite : qu'elle n'est pas à refaire. Ainsi que l'écrit Simone Weil :

> Dans un poème, si l'on demande pourquoi tel mot est à tel endroit, et s'il y a une réponse, ou bien le poème n'est pas de premier ordre, ou bien le lecteur n'a rien compris. Si on peut dire légitimement que le mot est là où il est pour exprimer telle idée, ou pour la liaison grammaticale, ou pour la rime, ou pour une allitération, ou pour remplir le vers, ou pour une certaine coloration, ou même pour plusieurs motifs de ce genre à la fois, il y a eu recherche de l'effet dans la composition du poème, il n'y a pas eu véritable inspiration. Pour un poème vraiment beau, la seule réponse, c'est que le mot est là parce qu'il convenait qu'il y fût. La preuve de cette convenance, c'est qu'il est là, et que le poème est

1. Andreï Tarkovski, cité *in Lumière instantanée*, Éd. Philippe Rey, Paris, 2004, p. 68.

beau. Le poème est beau, c'est-à-dire que le lecteur ne souhaite pas qu'il soit autre[1].

Il est donc une façon de dire *oui* qui se passe de mots. Il n'est que de laisser parler la beauté. Ce qu'elle nous dit alors est d'un grand secours pour l'homme qui espère en ce monde une vie sensée. Nous ne pourrions en effet consentir au monde, c'est-à-dire, étymologiquement, entrer charnellement en consonance avec lui, s'il nous était parfaitement étranger ou indifférent. Le sentiment de beauté est fait de la joie de l'homme qui rencontre dans le monde un écho à son désir d'ordre et de justice. Que le monde puisse être beau, cela a toujours été un encouragement pour ceux qui, par leur vie, tentaient de lui offrir un surcroît de justice et de paix. La joie esthétique, c'est le désir d'harmonie qui perçoit un instant son reflet dans la Création.

L'intelligence du monde

Dans une lettre à son ami Maurice Solovine, Albert Einstein écrit :

1. Simone Weil, « Formes de l'amour implicite de Dieu », *Œuvres*, p. 741.

> Vous trouvez curieux que je considère la compréhensibilité du monde comme un miracle ou comme un éternel mystère. Eh bien, *a priori*, on devrait s'attendre à un monde chaotique, qui ne peut en aucune façon être saisi par la pensée. [...] Si les axiomes de la théorie [de Newton] sont posés par l'homme, le succès d'une telle entreprise suppose un ordre du monde objectif d'un haut degré d'intelligibilité, qu'on n'était, *a priori*, nullement autorisé à attendre. C'est cela le « miracle », qui se fortifie de plus en plus avec le développement de nos connaissances. C'est ici que se trouve le point faible des positivistes et des athées professionnels, qui se sentent heureux parce qu'ils ont la conscience, non seulement d'avoir avec plein succès privé le monde des dieux, mais aussi de l'avoir dépouillé des miracles[1].

L'incompréhensible, en effet, c'est qu'on y comprenne quelque chose. Ce qu'il y a en science de miraculeux, c'est sa réussite : car si l'intelligence humaine atteint quelque chose du monde, c'est que le monde offre prise à l'intelligence. C'est que le monde est lui-même tramé dans de l'intelligence. Un Verbe l'articule, qui parle par l'homme comme en dehors de lui. Ce

---

1. Lettre à Maurice Solovine du 30 mars 1952.

sont donc les poètes qui ont raison. Baudelaire, quand il chante l'universelle « correspondance » et célèbre la Nature comme « un temple où de vivants piliers / Laissent parfois sortir de confuses paroles. / L'homme y passe à travers des forêts de symboles / Qui l'observent avec des regards familiers ». Ou bien Hugo, pour qui, dans ses *Contemplations*, « tout est une voix et tout est un parfum. / Tout dit dans l'infini quelque chose à quelqu'un ; / Une pensée emplit le tumulte superbe. / Dieu n'a pas fait un bruit sans y mêler le Verbe[1] ».

Ainsi donc le mystère premier, qui a tiré l'homme de sa somnolence, n'est pas nécessairement du côté de l'angoisse, comme l'ont voulu les philosophes du vingtième siècle, ni même seulement du côté de l'étonnement, comme l'aurait dit Aristote en faisant de l'action de s'étonner (*thaumadzein*) la source de notre désir de connaître[2]. Car le mot d'Aristote, « *thaumadzein* », supporte tout à fait qu'on le traduise par « émerveillement[3] » : « Ce fut l'émerveillement – et non simplement l'étonnement – qui poussa les premiers penseurs aux

1. Cité *in* Jean-Louis Chrétien, *L'Arche de la parole*, PUF, Epiméthée, Paris, 1999, p. 176.
2. Aristote, *Métaphysique*, 982 b13.
3. Cf. Jean-Louis Chrétien, *op. cit.*, p. 158.

spéculations philosophiques. » L'émerveillement, c'est que le monde porte en lui l'écho de notre intelligence et de notre appétit de beauté. En ce sens, toute véritable connaissance est une « co-naissance », c'est-à-dire une naissance, un engendrement réciproque (que dit le préfixe « co ») : elle est l'élucidation du monde par l'homme mais aussi l'éclaircie de l'homme par le monde.

Compte tenu de cela, la science ne devrait avoir qu'un seul effet : rendre à l'univers, abîmé par notre manque de foi et notre vieillesse précoce, la flamboyance de son éclat. Oui mais voilà : le monde est aux mains des obscurantistes, lesquels sont moins souvent qu'on ne le croit des illuminés. J'appelle obscurantiste celui qui ôte à toute chose ce par quoi l'émerveillement pouvait s'y attacher. Tels sont les fanatiques religieux, qui étouffent l'inconnu dans leur peur. Mais tels sont aussi les experts scientifiques qui vous noient de l'extérieur (à coup de « milliards d'années-lumière » et de « millions de siècles avant notre ère ») comme de l'intérieur (« L'homme est composé de 95 % d'eau », vous annoncent-ils benoîtement, comme si l'on n'aimait jamais en autrui qu'une piscine portative). Est obscurantiste le savant qui jette sur toutes choses la lumière crue des cabinets dentaires et jouit de cette lucidité qui interdit toute beauté, toute émotion, toute consonance avec le tout de la Nature. Est obscure la lucidité qui ne sait lire dans la Nature qu'un jeu aveugle de forces et dans les relations humaines qu'un jeu malin de pouvoirs et d'intérêts. Lucidité luciférienne : comme Lucifer, elle apporte la lumière (« luci-fer »), mais une lumière qui n'a aucun égard pour la nuance et montre toute chose, sans exception, sous un regard propre à tuer l'espérance.

Mais si le monde est intelligible, comme le rappelle Einstein à tous ceux qu'il appelle avec une ironie féroce « les athées professionnels », c'est qu'il n'a pas l'absurdité qu'on lui prête souvent, afin de condamner la sphère humaine des valeurs à se dégonfler comme une vulgaire baudruche. L'homme n'y est pas hors-sens ou hors-sujet puisqu'il lit à même la nature l'écho de son désir d'ordre et d'harmonie. Comme l'écrit Simone Weil dans *L'Enracinement* : « L'objet de la pensée humaine est, lui aussi, de la pensée. Le savant a pour fin l'union de son propre esprit avec la sagesse mystérieuse éternellement inscrite dans l'univers[1]. » C'est le soupçon qu'il existe bel et bien une telle sagesse, condition de la joie esthétique comme de toute connaissance,

1. Simone Weil, *L'Enracinement*, Folio-essais, 2003, p. 329.

qui emplit le cœur de paix. Au contraire, remarque Simone Weil, les grands fauteurs de désordre ont été confortés dans leur désir de domination par l'idée que le monde n'est que chaos, pure indifférence au souci humain de justice. La philosophe cite à l'appui une page de *Mein Kampf* : « Dans un monde où les planètes et les soleils suivent des trajectoires circulaires, où des lunes tournent autour des planètes, où la force règne partout et seule en maîtresse de la faiblesse, qu'elle contraint à la servir docilement ou qu'elle brise, l'homme ne peut pas relever de lois spéciales. » Ce qu'elle commente ainsi : « Ces lignes expriment d'une manière irréprochable la seule conclusion qu'on puisse raisonnablement tirer de la conception du monde enfermée dans notre science. La vie entière d'Hitler n'est que la mise en œuvre de cette conclusion. Qui peut lui reprocher d'avoir mis en œuvre ce qu'il a cru reconnaître pour vrai[1] ? »

« Vides sont les hommes qui, à partir des choses visibles, n'ont pas su reconnaître Celui qui Est » dit le livre de la Sagesse[2]. Simone Weil formule la chose ainsi : « Il faut bien que nous ayons accumulé des crimes qui nous ont

---

1. *Ibid.*, p. 302.
2. Sg 13, 1.

rendus maudits, puisque nous avons perdu toute la poésie de l'univers[1]. » Prêtons l'oreille à cette poésie de l'univers. Elle chante dans un Psaume :

> Les cieux racontent la gloire de Dieu,
> Ils disent quelles mains les ont faits.
> Le jour au jour en confie le récit
> Et la nuit l'enseigne à la nuit.
> Non point récit, pas même un mot,
> Nulle voix qu'on puisse entendre,
> Mais une mélodie qui embrasse la terre
> Et prononce le monde jusques en ses confins[2].

---

1. *Œuvres complètes, Cahiers*, tome 6, volume 3, Gallimard, 2002, p. 251.
2. Ps 19.

OUI TRAGIQUE ET *OUI* CHRÉTIEN

Deux façons de consentir

Jusqu'à présent, nous avons parlé du consentement au singulier. Comme s'il n'en était pas plusieurs. Comme s'il n'y avait jamais qu'une façon de dire oui à l'existence. Il est vrai que quand les stoïciens parlent d'*amor fati*, les chrétiens de béatitude, Leibniz d'acquiescence et Nietzsche de *Ja-sagen*, il ne s'agit jamais que de dire son amour pour ce qui est. Il était important d'entendre, en chacun des *oui* des hommes, un seul et même combat pour vivre, une seule et même ouverture à ce qui est. Qu'ils soient athées, philosophes ou chrétiens, badauds, musiciens ou poètes, les hommes ont en partage cette vie tramée dans l'involontaire et qu'il faut, pour cette raison, apprendre à aimer. En tout homme qui choisit de ne pas s'enfoncer dans de coûteux regrets et qui, d'un bond, se lève pour conjuguer sa vie au présent, au lieu d'un perpétuel conditionnel, en chacun de ces hommes, donc, il y a le même esprit qui souffle, le même génie silencieux de la vie. Ainsi le vieil homme consent quand, dans le secret de son cœur, il surmonte son ressentiment et part à la découverte de ce que la vie peut encore lui offrir. De même un musicien, quand il n'est plus que l'instrument de son instrument et devient passage pour un peu de beauté. Mère et père disent oui à la vie en la laissant passer par eux. L'enfant dit oui à la vie quand il refait, chaque soir, le fil d'une innocence saccagée par la querelle des adultes. Et selon Françoise Dolto, avant d'apparaître au grand jour, le bébé a déjà consenti à la vie deux fois, aux premières semaines de sa vie comme au moment de naître.

Derrière cette universelle et discrète adhésion à la vie, il est pourtant différents types de consentements. Nous l'avons déjà signalé rapidement à propos de l'acquiescence leibnizienne qui diffère du consentement stoïcien par la foi toute chrétienne en la bonté de l'être. De même, le *Ja-sagen* nietzschéen n'est pas la béatitude chrétienne. C'est à ces deux types de consentement, tragique et chrétien, que nous nous intéresserons à présent, parce que leur confrontation est de loin la plus féconde[1]. Pour penser cette

1. Dans notre essai introductif à la philosophie de Nietzsche publié chez Ellipses, nous avons distingué trois types de consentement : tragique, conséquent et chrétien. Cf. M. Steffens, *Nietzsche*, Ellipses, collection « Pas à pas », 2008, p. 200 à 242.

confrontation, relisons cette étrange prière composée par Nietzsche dont nous avons cité les vers sans les commenter :

> Que tu sois *éternel* !
> Que tu sois *nécessaire* !
> Mon amour, éternellement,
> S'embrase à la nécessité seulement.
> Emblème de nécessité,
> Sublime constellation de l'Être !
> Toi qu'aucun vœu n'atteint,
> que ne souille aucun *non*,
> éternel *oui* de l'Être,
> à jamais je serai ton *oui*[1].

Si l'on y regarde bien, ce poème en forme de prière reprend et corrige le *Notre Père*. Pourquoi ? Là se distinguent nettement deux manières de consentir, l'une tragique, l'autre chrétienne. Notons d'abord que le *Notre Père* est par excellence la prière du consentement. Cette prière commence par faire « nôtre » ce Dieu que les chrétiens ont l'audace d'appeler « Père ». Mais aussitôt elle se corrige : « qui es aux cieux[2] » : la distance - on ne peut rien imaginer de plus lointain que les cieux - est

1. Nietzsche, *Dithyrambes de Dionysos,* p. 71, traduction modifiée.
2. Mt, 6 9-10.

ici rappelée. Ce rappel distingue la demande de la simple exigence. Car ce que cette prière demande au Père à la fois nôtre et autre, ce n'est pas d'avoir souci de nos petits soucis : c'est que son Nom soit sanctifié. Or le nom de Dieu est, par définition, le Nom Saint. Le chrétien prie donc Dieu que ce qui est soit. « Que Ta volonté soit faite » dit en effet le verset qui suit. Étrange requête, qui ne demande à son destinataire rien puisqu'elle ne lui demande que d'obéir à soi. Se dit ici l'adhésion sans reste à la vie reçue. Le contexte dans lequel Jésus propose cette prière l'indique par lui-même : elle est un remède à celles qu'on rabâche pour obtenir de Dieu qu'il se conforme à notre petite volonté, qui toujours sera partielle et partiale.

Mais une telle adhésion sera pour Nietzsche toujours incomplète. Si c'est à la volonté de Dieu qu'on consent, le consentement n'est pas total : il suppose encore que notre volonté rencontre, dans son abandon, le soutien de la divine bonté. Nietzsche, en tant qu'athée, veut se passer de toute alliance entre Dieu et l'homme. C'est même tout au contraire le délitement perpétuel du monde qu'il tente de rendre par sa pensée. Si Dieu est mort, comme il l'affirme, il n'y a plus « ni haut ni bas[1] » et

1. *Gai Savoir*, § 125.

la terre, ayant perdu l'astre autour duquel articuler sa course, chute sans cesse et en tout sens. Tel est le dés-astre en lequel il nous faut vivre et continuer d'aimer ; telle est la désarticulation d'un monde sans but, sans sens, car définitivement privé de ce qui l'orientait.

Qui parvient à aimer ce monde en soi indésirable, celui-là seul, pour Nietzsche, consent pleinement. Car alors il consent sans réserve ni condition. C'est pourquoi la prière de Nietzsche va à la nécessité. Les formules du *Notre Père* y sont reprises : les premiers vers que nous citions (« Que tu sois éternel / Que tu sois nécessaire ») répètent les premiers versets du *Notre Père* (« Que Ton Nom soit sanctifié / Que Ta Volonté soit faite »). Mais la deuxième personne du singulier, qui semble nommer une présence et lui adresser une requête, est aussitôt dédite : « Toi qu'aucun vœu n'atteint ». À la rigueur, on pourrait encore entendre ce « Notre Père » qui est immédiatement corrigé par un « Qui es aux cieux ». Mais Nietzsche n'entend pas se contenter de signaler la nécessaire distance entre Dieu et l'homme. « Toi qu'aucun vœu n'atteint » : il prend ici acte de l'infinie distance entre ce que veut l'homme et ce qu'il peut. S'il n'est point de Dieu, tous les désirs des hommes exigent l'impossible. Vide de Dieu, le monde est en lui-même parfaitement étranger à l'ordre, à la justice, à la charité. Il n'y a plus de commune mesure entre l'homme et les cieux, éternellement sourds, effrontément muets, qui reçoivent l'indistinct marmonnement de sa prière. Désormais l'écart est infini entre le sens que l'homme espère des choses et la fin de non-recevoir qu'elles lui opposent. La prière de Nietzsche l'est donc à l'indifférence. Au cœur même de sa récitation, elle se résout à l'éternel silence de son destinataire.

S'il faut consentir, ce n'est pas à déposer sa volonté propre aux pieds d'un Père dont la sagesse est espérée, dans un geste filial d'obéissance. Dans la perspective tragique qui est celle de Nietzsche, le consentement n'est pas l'humiliation de la volonté face à ce qui lui est supérieur : il est tout au contraire l'affirmation glorieuse de la puissance de cette volonté. Si Dieu n'est pas, si le monde n'a rien d'humain, il faut la plus sublime volonté pour l'aimer. Il faut être fort pour vouloir le réel, tout le réel, quoique le réel s'en moque.

Le oui tragique

Le consentement que Nietzsche nous donne à penser peut être nommé « tragique ». La tragédie raconte le combat d'un homme noble, fier et droit qui finit inéluctablement par se heurter à une implacable indifférence - que ce soit celle du décret divin ou celle du désordre des choses. Le point de départ et d'arrivée du tragique est l'inadéquation des désirs de l'homme à la réalité : celle-ci leur est fondamentalement étrangère. Aussi les faits et gestes du héros se meuvent-ils dans une *contradiction insoluble*[1]. Dans *Andromaque* de Racine, par exemple, Hermione voudrait aimer Oreste : le nœud tragique en serait comme tranché. Mais elle aime Pyrrhus. Le sentiment amoureux, et c'est là la contradiction insoluble, ne se commande pas. Au mieux, il inspire au tragédien cet échange splendide entre Hermione et Oreste :

> – Vous, que mille vertus me forçaient d'estimer.
> Vous que j'ai plaint, enfin que je voudrais aimer.
> – Je vous entends. Tel est mon partage funeste :
> Le cœur est pour Pyrrhus et les vœux pour Oreste[2].

---

1. Paul Ricœur, *Philosophie de la volonté*, tome II, *op. cit.*, p. 371.
2. Racine, *Andromaque*, Acte II, scène 2.

De même, ce n'est pas qu'Antigone ait raison et Créon tord qui fait le nœud tragique. Ce qui est tragique, c'est que tous deux ont raison : Antigone de contraindre Créon à enterrer son frère, Créon de ne pas souffrir que les lois, dont il est le représentant, soient enfreintes pour sa nièce. Le nœud est tragique : il ne peut être défait. Il tient toute vie bien attachée à lui.

Nietzsche insiste sur l'impossibilité où nous sommes de résorber la contradiction fondamentale de notre condition. Ainsi, devant l'incommensurable abîme qui sépare les désirs des hommes et ce monde sans ordre, qui ne leur offre aucune prise, ne suffirait-il pas d'apprendre à ne plus désirer ? Or voilà : apprendre à ne plus désirer, c'est encore un désir. La sagesse qui enseigne à ne désirer plus rien que la réalité se confrontera toujours à la réalité du désir. On rêve d'un monde où le désir des hommes épouse ce qui est, sans voir que ce qui est, c'est ce monde de désirs et de souffrance. Le désir de la nécessité, toujours, reconduit à la nécessité du désir. La situation est bel et bien tragique. La contradiction, elle, est insoluble. Cela seul à quoi on peut se résoudre, c'est qu'on ne se résoudra jamais à rien.

Alors, comme le suggère le poète Francis Ponge, peut-être ne reste-t-il plus qu'à faire semblant, afin de n'être pas croqué par le néant :

Je ne peux m'expliquer rien au monde que d'une seule façon : par le désespoir. Dans ce monde que je ne comprends pas, dont je ne peux rien admettre, où je ne peux rien désirer (nous sommes trop loin du compte), je suis obligé par surcroît à une certaine tenue, à peu près n'importe laquelle, mais une tenue. Mais alors si je suppose à tout le monde le même handicap, la tenue incompréhensible de tout le monde s'explique : par le hasard des poses où vous force le désespoir.

Exactement comme au jeu du chat perché. Sur un seul pied, sur n'importe quoi, mais pas à terre : il faut être perché, même en équilibre instable, lorsque le chasseur passe. Faute de quoi il vous touche : c'est alors la mort ou la folie.

[...] Point de répit. Il faut "n'avoir l'air de rien", être perché. Et cela dure ! Quand on n'a plus envie de jouer, ce n'est pas drôle. Mais alors tout s'explique : le caractère idiot, saugrenu, de tout au monde : même les tramways, l'école de Saint-Cyr, et plusieurs autres institutions. [...]

Oh ! s'il suffisait de s'allonger par terre, pour dormir, pour mourir. Si l'on pouvait se refuser à toute contenance ! Mais le passage du chasseur est irrésistible : *il faut*, quoiqu'on ne sache pas à quelle force on obéit, il faut se lever, sauter dans une niche, prendre des postures idiotes[1].

---

1. F. Ponge, *Proêmes*, « À chat perché », *in Œuvres complètes*, vol. 1, « Bibliothèque de la Pléiade », Gallimard, 1999, p. 194.

La vertu de l'éternel retour

À cette pathétique comédie de l'existence, Nietzsche préfère la tragédie. Le propre du héros tragique est de défier le cours des choses, de s'élever, avec fierté et orgueil, contre l'inflexible destinée... pour être finalement mieux écrasé par elle. Mais qu'importe ! Car telle est la beauté du geste tragique, au-delà de toute résignation : défier l'oracle qui pourtant doit s'accomplir. À la façon de l'Œdipe Roi de Sophocle, l'homme naît, découvre un jour l'oracle de sa vie : cette mort qui partout l'attend et se rappelle à lui. Mais il fait mine de rien, construit sa maison sur cet immense vide, croit chaque jour échapper à son destin pour être finalement rattrapé par ce qui, dès le début, était écrit.

Dans ce monde décidément sourd aux espoirs qui naissent sous ses cieux, il n'est pas de salut. Là est le chiffre du consentement tragique : il n'est point d'autre monde à vouloir. « Hors du réel, point de salut » : tel est le credo tragique. Étant admis qu'*en ce réel* non plus, il n'est point de salut. C'est pourquoi, à la résurrection chrétienne des corps, qu'il considère comme une fiction, Nietzsche oppose une autre fiction, celle de l'éternel retour du même. Ce qu'il faut aimer, c'est ce monde-ci, et seulement lui, car nous n'aurions rien d'autre.

Imaginez donc que, dans une pleine solitude, un démon apparaisse et vous annonce ceci :

> Cette vie telle que tu la vis aujourd'hui et telle que tu l'as vécue hier, tu devras la vivre encore une fois et d'innombrables fois, et il n'y aura rien en elle de nouveau, rien, si ce n'est que chacune de tes douleurs et chacun de tes plaisirs, toutes tes pensées et toutes tes plaintes et tout ce qu'il y a d'indiciblement grand et de petit dans ton existence, tout cela reviendra pour toi, et le tout dans le même ordre, dans la même succession - oui, cette araignée-là également, et puis ce clair de lune qui traverse les arbres, cet instant-ci et même moi-même. L'éternel sablier de l'existence ne cesse plus d'être renversé, toujours à nouveau - et toi avec lui, toi, grain de poussière dans la poussière[1] !

La question que Nietzsche nous pose est la suivante : à l'écoute d'une telle annonce, quelle est notre réaction ? Serions-nous pris d'effroi ? C'est donc que notre vie, qu'on se l'avoue ou non, nous est insupportable. Ou bien alors,

1. *Gai Savoir,* § 341, traduction personnelle.

écrit Nietzsche, « il te sera arrivé de vivre un instant formidable à la faveur duquel tu aurais pu lui répondre : "Tu es un dieu, car jamais je n'entendis chose plus divine !" » C'est là aussi un signe : notre vie nous est un bien. Rien ne doit être changé.

La fiction de l'éternel retour a une double vertu. D'une part, elle permet de faire le point : suis-je assez heureux pour vouloir que le sablier de mon existence se retourne éternellement sur lui-même ? Mais d'autre part elle trace une ligne : comme tout véritable consentement, elle est envoi vers l'avenir. Car fort de cette pensée, tout ce que je vivrais, désormais, je dois le vivre de telle sorte que le revivre éternellement ne m'apparaisse pas comme une malédiction. Ce travail insensé que j'accomplis quotidiennement, jusqu'au dégoût, avec pour seul horizon ces quelques jours d'évasion frénétique que sont mes congés annuels, dois-je le continuer si, comme Sisyphe, je dois en assumer la charge pour l'éternité ? La fiction de l'éternel retour a la vertu d'être à la fois sélective et pleinement affirmative : affirmative, elle l'est en tant qu'il n'est pas de plus grand consentement à l'existence. Quel *oui* plus entier que celui qui va jusqu'à souhaiter le retour éternel de toute chose ? C'est là, sous la plume de Nietzsche, « la forme la plus haute d'acquiescement qui puisse être atteinte[1] ». Sélective, elle l'est cependant car elle invite à ne plus rien vivre qui ne soit digne de cette pleine adhésion. Aussi Nietzsche conclut-il le texte que nous citions par cette invitation : « Combien te faudrait-il aimer la vie, et que tu t'aimes toi-même, pour pouvoir *ne désirer plus rien* que cet ultime et éternel consentement, cette ultime et éternelle signature ? »

Il est donc un consentement et une sagesse tragiques. On l'a dit : rattrapé par le destin qu'il croyait fuir, aveugle comme la destinée à ses désirs, Œdipe, paradigme du héros tragique, finit toutefois, dans un sublime amour, à prononcer ces mots : « Tout est bien. » Ce faisant, il ne consent pas parce que le monde est bon, dans un geste d'abandon filial. Il consent *malgré* la profonde inhumanité d'un monde indifférent à ses désirs. Telle est, avions-nous dit, « la grandeur de son âme », assez grande pour embrasser de son amour toute la vie, sans rien nier de sa terrible innocence. L'homme tragique aime sans raison, contre la raison : il aime la vie *quand même*. Tout est dans ce « quand même » qui dit la mesure du difficile amour. Nietzsche prévient dans *Ecce homo* : « Tout ce

---

1. *Ecce homo*, « Pourquoi j'écris de si bons livres », *Ainsi parlait Zarathoustra*, § 1.

qui est décisif advient par un "quand même[1]" ». S'il faut dire oui à la vie, ce ne peut être que « malgré tout ».

Le oui chrétien

Or il est une autre façon de redoubler l'affirmation par laquelle nous fûmes posés dans l'être. Le consentement tragique a ceci de vrai que, ayant reçu la vie sans l'avoir demandée, celle-ci est bel et bien marquée du sceau de l'indifférence. Mais il reste que nous avons reçu la vie. En vertu de ce que nous avons nommé, au début de notre ouvrage, « l'originaire passivité », le *oui* qu'on dit à notre vie peut s'entendre comme un *merci*. Reçue avant toute demande, la vie est ou bien absurde ou bien gratuite. Absurde pour celui qui s'en tient à la blessure narcissique d'avoir eu à recevoir, et ainsi de ne pouvoir tirer de son propre fonds la substance de son être. Gratuite, au contraire, pour celui qui, consentant à être une créature, se tourne avec reconnaissance vers son Créateur. D'après le théologien jésuite François

1. « Pourquoi j'écris de si bons livres, *Ainsi parlait Zarathoustra* », § 1. Traduction par Éric Blondel, *in Ecce homo*, GF Flammarion, Paris, 1992, p. 30.

Varillon, la condition de notre humanité nous soumet à « la loi de la créature », qui est de recevoir d'abord avant de pouvoir donner quoi que ce soit[1].

Ceci est bien beau, pourra-t-on objecter, mais la vie nous a-t-elle véritablement été donnée ? N'avons-nous pas chu en elle, à la défaveur d'une perpétuelle déréliction ? L'homme semble « jeté au monde », comme l'écrivait Martin Heidegger. Or justement : le sentiment que notre vie nous a été *abandonnée* est précisément le signe qu'elle nous a été parfaitement *donnée*. Car un don n'est pleinement don que si le donateur a la discrétion de s'effacer, de s'absenter de son présent.

La chose est bien connue : le don n'est pur qu'en tant que la main gauche ignore ce que fait la main droite. Dans cet ordre d'idées, Nietzsche concevait fort bien qu'on pût déguiser des « actes d'amour d'une générosité débordante » derrière une grossièreté feinte ou une sévère distance : la pudeur des donateurs sait être inventive quand il s'agit de ne pas ajouter à l'humiliation de recevoir celle

1. Parlant de Jésus, Varillon écrit : « Lui, Il s'est fait chair : il se soumet à la loi de la créature, qui est d'accueillir d'abord avant de donner et en vue de donner » in *Joie de croire, joie de vivre*, Bayard Éditions, 2000, p. 54.

d'avoir à supporter le regard condescendant de son bienfaiteur[1]. Il y a tant de façons de donner qui ne sont que ruse, parce que le donateur donne, mais par là signale sa puissance. Ou bien donne, généreusement, mais ne retire pas la main. Telle armoire ancienne qu'on vous offre se révèle être un cheval de Troie : le donateur, tous les dimanches, s'invite pour vérifier que tout y tient et contempler sa bienfaisance. Le don (*the gift* en anglais) tourne au poison (*das Gift* en allemand) : le mot est le même pour, en français, dire le « cadeau empoisonné ». Ainsi ne donne-t-on vraiment que pudiquement. C'est pourquoi, si la vie est un don, elle doit m'avoir été à ce point donnée que je puisse finalement en faire ce que je veux. Le sentiment d'abandon, qui se traduit chez l'homme par l'angoissante liberté de disposer de sa vie comme il l'entend, ne contredit donc pas l'idée que la vie est un don. C'en est même la stricte conséquence.

Ma vie est un don : l'idée est plus évidente qu'il n'y paraît d'abord. Car d'abord, chacun se ressent comme le propriétaire de sa vie. Mais, ensuite, chacun sait qu'il l'est d'une façon toute spéciale. D'une part, il est vrai que je dispose de ma vie comme d'une chose que je possède.

1. *Par-delà bien et mal*, § 40.

Rien, par exemple, ne m'empêche de la détruire méthodiquement en devenant l'un de ces piliers de comptoir qui, tous les jours, boivent leur salaire. J'ai de ma vie, pour parler en termes juridiques, non seulement l'*usus* et le *fructus*, mais aussi l'*abusus*. L'usage, le fruit et l'abus sont les trois caractères qui définissent la propriété d'une chose : je peux non seulement porter la montre que j'ai achetée (*usus*), m'en servir pour consulter l'heure (*fructus*) mais aussi la détruire ou la céder (*abusus*).

D'autre part, alors même qu'il s'agit bel et bien de *ma* vie, quelque chose, pourtant, me retient d'en abuser et d'en faire n'importe quoi. Cette retenue, qui oblige sans contraindre, qui précède la morale elle-même, peut être interprétée comme suit : quoique ma vie soit mienne, elle ne m'est pas vécue comme une chose qui m'a été simplement abandonnée, mais d'abord donnée. Il n'y a aucun scrupule à négliger ou à revendre tel ou tel objet abandonné au bord d'une route. À l'inverse, céder ou me débarrasser d'un cadeau n'est jamais un acte anodin : c'est un acte violent, par lequel je refuse le don qui m'est destiné. Or n'est-ce pas précisément le sentiment, certes confus, d'être obligé par la grâce d'un don qui me retient de faire n'importe quoi de ma vie ? N'est-ce pas que, chacun de nous, et quoique nous puissions nous croire exempts de toute foi en un Dieu donateur, se vit comme le donataire de sa vie ? Tout homme pressent, selon l'heureuse formule de Claude Bruaire[1], qu'il a été donné à lui-même.

Mais qu'en est-il alors de ceux qui, à l'inverse, « abusent » d'eux-mêmes ? Remarquons à ce sujet que cet abus de soi, permis par le fait que nous sommes, en tant que donataires, propriétaires de notre vie, a bien souvent la forme d'un *refus* : on ne s'évertuerait pas à se détruire soi-même s'il ne s'agissait pas par là de défier le donateur. Tout excès, toute dégradation de sa propre humanité au moyen de viles jouissances, tout abus de soi peut se lire comme un défi qu'on lance à ses propres géniteurs et, à travers eux, à Dieu : « Vois et regarde ce que j'en fais, de cette vie. » Par là, souvent, on cherche un surcroît d'amour. Par l'autodestruction, on veut témoigner que le don n'est pas entier, n'est pas total, que celui qui est à l'origine de mon être aurait pu ou aurait dû mieux faire. Le problème est que ce don ne sera plein et total qu'en tant que son destinataire l'aura pleinement accueilli : donné à soi-même, il faut apprendre à se recevoir. Ceci fait, le destinataire quittera l'autodestruction pour s'ouvrir à la seule blessure qui doive être cherchée :

1. *L'Être et l'Esprit*, PUF, « Épiméthée », Paris, 1983.

celle qu'on essuie au contact de la vie et des autres hommes, parce qu'on a troqué ses poings fermés pour des mains ouvertes et qu'on se retrouve d'autant plus vulnérable que l'amour dont on se rend capable est plus grand.

Un don en souffrance

Ainsi le consentement à l'existence, quand il prend la forme du *merci*, a la vertu de révéler la vie comme don gratuit. Chose étrange : *la gratitude semble précéder la réception du don*. Mais c'est là ce que nous constatons dans la vie de tous les jours : l'enfant qu'on dit « gâté », voire, comme si le mot ne suffisait pas, « pourri gâté », est perpétuellement insatisfait non parce qu'on ne lui offre aucun cadeau mais parce que, comblé avant tout manque, il n'en *reçoit* aucun. On a « gâté » en lui ce qui est le plus précieux, *ce sans quoi plus rien ne sera dit « précieux »* : sa faculté de recevoir. On a condamné cet enfant à l'ingratitude. La gratitude seule permet de recevoir : tant que le *merci* ne fut pas dit, la vie est ou bien un fardeau ou bien un dû. En tout cas quelque chose dont la saveur nous échappe. Mais une fois que ce *oui* gorgé de gratitude est prononcé, il permet que se manifeste celui qui, pour que son don soit parfait, ne se serait pas manifesté de lui-même : le donateur.

« Seul le donataire peut donner au donateur d'être donateur », écrit Jean-Louis Chrétien dans *L'Arche de la parole*[1]. Ce qui signifie, pour ce qui nous concerne : seul un *oui* adressé à sa vie dans l'instant d'une action de grâces donne à Dieu de se révéler comme donateur. L'homme a ce terrible pouvoir de ne pas refléter une lumière qui pourtant se donne. Dieu, de son côté, a cette sublime faiblesse de donner sans contraindre. On ne réfléchit peut-être plus assez sur ce petit fait que Marie a donné à l'Ange son consentement : Dieu a suspendu le plan de sa manifestation au petit *oui* d'une jeune femme pauvre. Comme l'écrit saint Hilaire de Poitiers : « Dieu, qui nous a créés sans nous, ne nous sauvera pas sans nous[2]. » Telle est la poésie du Magnificat : au retrait de Dieu, qui n'impose rien, répond le retrait de la créature, qui consent à ce qui se propose à elle. De la même manière, tandis que le donateur s'absente après le don pour que celui-ci soit parfait, l'homme qui remercie refuse de se replier sur la jouissance de ce qui lui appartient

---

1. *Op. cit.*, p. 152.
2. Cité par Albert Rouet dans *J'aimerais vous dire*, Bayard, Paris, 2009, p. 159.

désormais et, accusant réception là où d'autres consomment avidement, se retire par l'action de grâces afin qu'en toute chose soit loué, et par là manifesté, l'amour du donateur. C'est là la circulation trinitaire elle-même.

Marial, le consentement chrétien à la vie l'est donc en tant que, par lui, il est donné à l'homme d'enfanter Dieu : si Dieu engendre la créature par le don gratuit de l'être (la *naissance*), la créature doit, quant à elle, engendrer Dieu par la *reconnaissance* – au double sens d'identification et de gratitude : reconnaissance *du* don et *pour* le don. Comme on l'a vu, la philosophie tragique de Nietzsche a besoin du sentiment d'abandon à l'indifférence des choses : sans quoi le sens n'est pas donné « malgré tout », dans un acte héroïque autant que désespéré. La pensée chrétienne de l'existence, de son côté, transfigure cette première impression : l'abandon n'était finalement que la forme du don en sa nécessaire pudeur. L'absurdité, alors, se révèle gratuité. Et l'action de grâces dévoile un Dieu qui, sans elle, serait demeuré discret, secret, inconnu.

C'est là ce qui apparaît nettement dans *Les Confessions* de saint Augustin : celui-ci nomme son Dieu « Beauté si ancienne et si neuve[1] ».

---

1. X 38.

« Ancienne » parce qu'une telle beauté le précédait ; « neuve » cependant, parce que cette beauté ne se dévoile qu'à la faveur de l'attention qu'on lui prête, de la grâce qu'on lui rend. « Tu étais avec moi, je n'étais pas avec toi » : il n'a suffi que de se rendre disponible. Ou, pour le dire autrement et avec les mots d'un autre grand chrétien : Toute forme de bonheur se mesure à la reconnaissance…

> … et je me sentais reconnaissant, sans bien savoir envers qui. Les enfants sont reconnaissants quand le Père Noël met des jouets ou des bonbons dans leurs souliers. Comment aurais-je pu ne pas lui être reconnaissant de m'avoir donné deux jambes miraculeuses ? Nous remercions les gens qui nous offrent des cigares et des pantoufles pour notre anniversaire. Ne puis-je remercier personne de m'avoir fait cadeau de la vie ce jour-là[1] ?

N'est-ce pas un peu naïf, tout de même ? Oui, mais de cette bonne naïveté, qui est nativité, qui s'émerveille de ce qu'elle a (« deux jambes miraculeuses » !) parce qu'elle sait, cette naïveté, qu'en toute chose l'amour doit précéder l'intelligence.

---

1. G. K. Chesterton, *op. cit.*, p. 87.

Cette antécédence de l'amour sur l'intelligence, saint Augustin la dit encore :

> Ceux qui planent dans les hauteurs d'un prétendu savoir ésotérique et qui n'entendent pas [Jésus] leur dire : apprenez de moi que je suis un doux et un cœur simple et vous connaîtrez le repos – même s'ils connaissent Dieu, ils n'ont pas célébré son éclat ni ne l'ont remercié. Ils se sont perdus dans la vanité de leurs calculs et leur cœur fermé est entré dans les ténèbres[1].

Le Dieu donateur

Dans la perspective chrétienne, Dieu ne sait que donner. Tel est le sens, dans la tradition biblique, du pardon des péchés. Qu'est-ce, en effet, que le péché selon la doctrine chrétienne ? Et en quoi le pardon doit-il s'entendre comme ce par quoi se signale le Dieu donateur ? Le péché chrétien est de refuser Dieu par orgueil, de rompre l'alliance qu'il propose sans imposer. Il consiste à ne pas accuser réception du don de la vie et à se perdre ou bien dans la jouissance de soi, ou bien dans la culpabilité propre à celui qui croit qu'il doit mériter ce qui,

1. *Confessions* VII, 14. Nous citons la traduction de Frédéric Boyer, *Les Aveux*, P.O.L., Paris, 2008, p. 193.

pourtant, lui a été donné gratuitement. Ce dernier point est souvent passé sous silence : l'orgueil est aussi dans la culpabilité, dans le refus du don gratuit. Dans la conception chrétienne du rapport entre Dieu et l'homme, ce dernier, en échange du don de la vie, n'a rien à offrir que son accueil : la seule grâce d'exister (que Jésus nomme béatitude) suffit. Dans cette optique, le pardon se conçoit comme la disposition d'un Dieu qui donne sans réserve, continuellement, quels que soient le temps et les détours pris par le donataire, quel que soit son acharnement à refuser le don de la vie. Car pour peu qu'un jour le donataire consente à recevoir sa vie comme un don, à s'en réjouir, la distance entre lui et Dieu s'abolit parfaitement : il se trouve parfaitement pardonné, du seul fait de s'être ouvert à ce don continuel de la vie en lui.

C'est là, bien sûr, tout le sens de la célèbre parabole du fils prodigue de l'Évangile de saint Luc[1] dans laquelle Jésus raconte l'histoire d'un fils qui, ayant reçu de son père sa part d'héritage, s'en va la dépenser, comme il en a le droit, dans diverses débauches. De notre vie, avons-nous dit, nous avons l'*abusus*. Bientôt sans le sou, acculé à une condition indigne, il décide de revenir chez son père

1. Lc 15, 11-32.

pour devenir son esclave. Car cet *abusus*, rappelons-le, est circonscrit par le sentiment que ce dont nous jouissons alors nous appartient, certes, mais comme quelque chose qui nous a été donné. Or quand le père aperçoit son fils sur le chemin du retour, il court vers lui et, malgré les protestations de ce dernier, l'accueille comme s'il n'avait attendu que son retour. À son autre fils, resté près de lui, blessé par la fête qui est donnée pour son frère indigne, le père rétorque : « Toi, mon enfant, tu es toujours avec moi, et tout ce qui est à moi est à toi. Mais il fallait bien festoyer et se réjouir, puisque ton frère que voilà était mort et il est revenu à la vie ; il était perdu et il est retrouvé ! »

Le pardon est l'excellence du don. Le suffixe « par » a ici un sens intensif. Dieu « pardonne » en ce qu'il se communique aux hommes, sans cesse et sans reste, jusqu'au jour où la créature, libre de croire en sa suffisance mais heureuse seulement si elle la brise, s'ouvre enfin à lui. Il y a une temporalité propre à Dieu : il est don de toute éternité mais n'est reçu que dans le temps de notre vie. Il n'est que de se donner mais ne se reçoit qu'à condition qu'on s'ouvre à son amour. Or sitôt cette ouverture faite, Dieu s'y engouffre comme le père va à son fils. Et il s'y jette sans retenue, tout entier, à la surprise des hommes pour qui tout doit être proportionné au mérite. Car les ouvriers de la dernière heure recevront le même salaire que les autres.

Logique de la surabondance qui ne sait que donner : un homme, un salaud, éprouverait, les derniers instants de sa vie, ce genre de remords sincères dont seul Dieu peut connaître la profondeur, qu'il pourrait bien être parfaitement sauvé. Sauvé à la mesure de l'abîme que creuse en lui le remords : d'autant plus racheté que sa conversion fut celle d'un grand pécheur. Car c'est pour ce type d'hommes que le Christ est venu. Le dimanche, à la messe, les chrétiens commencent par reconnaître qu'ils sont pécheurs : qu'il n'y a en cette assemblée que bandits et mercenaires, putains et proxénètes qui, la semaine durant, ont pu avoir tendance à se prendre pour des saints. Il faut un puits profond pour que vienne le remplir la miséricorde de Dieu. C'est là, aux yeux des hommes, la profonde amoralité de la justice de Dieu. C'est en cela aussi que « ce qui est fou aux yeux des hommes est sagesse pour Dieu[1] ». Seul Dieu est vraiment par-delà Bien et Mal.

Folie de Dieu, donc, qui va jusqu'à se donner pour ceux qui ne reçoivent pas son don.

1. 1 Co 1, 25.

L'Incarnation, comme la Passion qui en est la forme achevée, viennent parfaire cette esquisse du Dieu donateur : par l'Incarnation et la Passion, Dieu se livre tout entier aux hommes, si parfaitement qu'il s'abandonne à eux, jusqu'à la mort. Durant ce sacrifice même, Jésus-Christ, Dieu incarné, pardonne aux hommes de n'avoir pas su voir et recevoir le don de la vie : « Père, pardonne-leur, ils ne savent pas ce qu'ils font. » Il faut le plus grand pardon, celui du Père, alors même qu'on pourrait penser : « Mais s'ils ne savent pas ce qu'ils font, si donc ils sont innocents, qu'ont-ils à se faire pardonner ? » C'est que rien n'est pire que cette innocence-là, que cette indifférence qui envoie un Juste à la mort. Entendez l'ingratitude quand elle ouvre la bouche : « Il en a sauvé d'autres et il ne peut se sauver lui-même[1] ! » Pourquoi n'avoir pas dit : « Il en a sauvé d'autres. Quelle tristesse qu'il ne puisse se sauver lui-même ! » Mais à cette ingratitude-là Jésus aussi donne son pardon : il veut la combler, jusqu'à ce qu'elle cède. Cette logique de la surabondance, Nietzsche la nomme la « folie de la Croix[2] » : « Dieu se sacrifiant lui-même pour payer la dette de l'homme, Dieu se faisant payer lui-même par

1. Mc 15, 31.
2. *Généalogie de la morale* I, § 8.

lui-même[1]. » Le donateur s'offrant pour son donataire : nul autre dieu ne porte mieux le nom de Donateur que le Dieu chrétien. C'est en ce nom, parfois, que le prie saint Ignace.

Dionysos contre le Crucifié

Toute volonté d'offrir à sa vie le plus grand *oui* hésite entre le *oui* tragique et le *oui* chrétien. Nietzsche, ayant refusé la possibilité du second, pose l'alternative suivante : « Dionysos contre le Crucifié[2] ». Autrement dit : le dieu tragique de l'affirmation gratuite de la vie contre le Dieu du don - d'un don qui va jusqu'à la crucifixion. Dionysos, comme on le verra, est, pour Nietzsche, le symbole de « l'indifférence faite puissance[3] », d'un don absolument gratuit, gratuit jusqu'à l'absurde, sans donataire ni même donateur. Dionysos est le nom pour ce que Nietzsche appelle, en une formule évocatrice, « l'innocence du devenir[4] ». Dionysos, c'est l'indifférence prodigue de la nature qui

1. *Ibid.* II, § 21.
2. *Ecce homo* « Pourquoi je suis un destin », § 9.
3. *Par-delà bien et mal,* § 9.
4. *Crépuscule des idoles,* « Les quatre grandes erreurs », § 8.

crée, donne, retire, sans même savoir ce qu'elle crée, donne et retire.

La question qui doit nous permettre de choisir entre le *oui* tragique et le *oui* chrétien est la suivante : de quel côté se trouve la plus grande adhésion à la vie ? Chez celui qui, héroïquement, l'aime malgré tout ? Ou bien chez celui qui l'accueille comme la grâce qui chaque jour lui est faite ?

La critique que Nietzsche adresse au consentement chrétien est la suivante : en invitant à dire *merci* pour la vie reçue, en faisant surgir le Dieu donateur de l'indifférence des choses, le christianisme fait du don de la vie une *dette*. Si la vie est un don, l'homme est le débiteur de son Dieu. Mais alors, c'est toute gratuité qui devient impossible. Dans un texte intitulé avec justesse « Pudeur du donateur », Nietzsche écrit :

> Quel manque de noblesse que de jouer sans cesse au donateur et au bienfaiteur, qui plus est de façon ostensible ! Au contraire : donner et combler, en prenant soin de dissimuler son nom et son don ! Mieux : être sans nom, comme la nature où, ce qui nous réconforte, c'est de ne plus y rencontrer ni donateurs ni bienfaiteurs, plus de « visage empli de bienveillance » ! – Mais vous vous gâchez aussi ce réconfort, ayant placé un Dieu dans cette nature… Ainsi tout est à nouveau sous le signe de la dépendance et de

> la contrainte ! C'est cela que vous voulez ? Ne plus jamais être seul avec soi-même ? N'être jamais plus sans surveillance, sans garde, sans protection, sans présents ? [...] N'est-on pas tenté de se vendre au diable, corps et âme, pour échapper à cette impudique présence céleste, à la contrainte de ce voisinage surnaturel[1] ?

Le donateur, avons-nous dit, ne saurait briller que par son absence. C'est en quoi « placer un Dieu » derrière le don de la vie, c'est faire que tout soit « sous le signe de la dépendance et de la contrainte ». C'est faire de tout homme un débiteur infini, puisque son crédit, il l'a contracté envers Dieu lui-même. En outre, c'est faire de celui qui jouirait de ce don un dépensier ingrat et inconséquent. Nietzsche préfère se vendre au diable plutôt que d'être lié à vie de cette manière.

Or, objectera le chrétien, Dieu a racheté l'homme. Pour Nietzsche cependant, loin de racheter l'homme, la crucifixion augmente la dette, à un point tel qu'il n'est plus possible de s'en acquitter. Si Dieu lui-même rachète l'homme par sa souffrance, la dette, d'infinie, devient « incommensurable[2] ». Mais aussi

---

1. *Aurore*, § 464.
2. *Généalogie de la morale*, II, § 22.

n'est-elle plus une dette : elle est un châtiment. Châtiment pervers car, portant sur le seul fait d'exister, il frappe l'innocent. Châtiment pervers aussi en ce que Dieu punit l'homme en exhibant son propre martyre : « Vois comme j'ai souffert pour toi ! » Il y a beaucoup d'intelligence malsaine dans cette façon d'aliéner autrui. C'est là pourtant ce que semblent dire tous les crucifix. Ceux-ci sont la mise au supplice non tant de Dieu que de l'homme rappelé à sa dépendance, rendu coupable du seul fait d'exister. La conclusion de Nietzsche est sans appel : la croix est « le pire de tous les arbres », celui sur lequel a poussé la damnation de la vie[1].

On comprend mieux la conclusion du texte d'*Aurore* intitulé « Pudeur du donateur » : « Être sans nom, comme la nature où, ce qui nous réconforte, c'est de ne plus y rencontrer ni donateurs ni bienfaiteurs, plus de "visage empli de bienveillance" ! » Par opposition au Dieu chrétien de la culpabilité infinie, Dionysos est le nom pour la vie anonyme. S'il pouvait parler, ce dieu pudique jusqu'à l'indifférence, il dirait à l'homme : « Si je t'aime, est-ce que cela te regarde[2] ? » Par là, il le libérerait de tout

---

1. *Ainsi parlait Zarathoustra*, III, « Des tables anciennes et nouvelles », § 12.
2. *Gai Savoir*, § 141.

« regard bienveillant ». Dionysos est le nom pour un dieu anonyme, sans attention, sans égard, indifférent jusqu'à l'inexistence. Car pour que quelque chose soit pleinement donné, il faut, selon Nietzsche, que ce soit dans le pur anonymat. Anonymat qui est aussi bien celui du donateur que du donataire. La gratuité est ce qui arrive quand on ne sait ni qui donne, ni à qui il est donné de recevoir :

> Quel bonheur serait d'être nourri d'une de ces mains qui donnent à manger aux oiseaux sans les regarder de plus près, sans s'attarder à examiner leurs mérites ! Vivre comme un oiseau qui vient et qui va, sans porter de nom sur son bec ! Me rassasier ainsi au banquet de la foule : tel est mon bonheur[1].

Supériorité du oui chrétien

Pourtant, le titre même sous lequel Nietzsche place sa critique du consentement chrétien nous indique la voie par laquelle il paraît nécessaire d'en sortir : Nietzsche en appelle à la « pudeur du donateur » contre « l'impudique présence céleste » que révèle le consentement chrétien.

---

1. *Aurore*, § 470.

Car la pudeur, comme on l'a vu, caractérise seule la véritable donation : qui ne s'efface dans son don ne donne pas. Or la vie anonyme (dont Dionysos est le nom) n'est ni donatrice (parce qu'anonyme précisément, indifférente au fait même de se donner), ni donc *a fortiori* pudique : seul un véritable donateur, tel le dieu personnel des chrétiens, peut être dit pudique.

Pour que le don de la vie soit pleinement reçu, il ne faut pas une, mais deux conditions : premièrement que le don mette en relation un donateur et un donataire ; deuxièmement, que le donateur donne de telle sorte que le donataire ne soit pas contraint de rendre quoi que ce soit. Sans la première condition, que Nietzsche, en refusant le Dieu personnel du christianisme, rejette, il n'y a point don mais abandon. Et sans la seconde condition, le don est perverti en dette. Et c'est là ce que Nietzsche reproche précisément à la foi chrétienne en un Dieu personnel. Ainsi nous trouvons-nous dans une sorte d'aporie : l'un et l'autre des consentements, tragique et chrétien, exclut l'une et l'autre condition nécessaire.

Or, à y regarder de plus près, il apparaît que le consentement chrétien remplit l'une et l'autre des conditions. Car il n'est pas vrai de dire que le fait de rendre grâce pour la vie reçue nous mette en position de débiteur. Tout don, s'il ne doit contraindre, oblige cependant, c'est-à-dire, étymologiquement, lie (*ob-ligare*) le donataire au donateur par un acte de reconnaissance réciproque qui fait se rencontrer l'acte de donner et celui de recevoir et permet au don de ne pas dégénérer en abandon. Nietzsche a raison : un don qui contraint n'est pas un don. Mais Nietzsche n'a pas su ou pu voir ceci qu'un don qui n'oblige pas ne l'est pas plus. Certes celui qui ne sait pas qu'il a reçu ne se sent en rien obligé de rendre grâce. Il est par là plus libre. Mais aussi on peut dire qu'il n'a pas reçu ce qui lui fut donné.

Si donc il est important de souligner la possibilité de pervertir l'action de grâces en dette infinie, il est cependant primordial de comprendre que l'acte de remercier n'est pas par nature contraire au don. C'est même l'inverse qui est vrai puisque c'est par l'action de grâces que j'accède pleinement à ce qui m'est donné. On ne rend pas grâce pour rendre ce qui fut donné mais, au contraire, pour en accuser pleine réception, dans la joie de recevoir. On n'a connaissance du don que dans la reconnaissance qu'on éprouve pour le donateur.

Mais alors le mot de Chesterton que nous citions plus haut est d'une intense vérité : on n'a de bonheur que proportionnellement à notre aptitude à la reconnaissance. Si, d'une part, rendre grâce c'est recevoir, si, d'autre part, le don dont nous parlons est la vie, alors remercier pour la vie reçue, c'est être davantage vivant. Ce qui veut aussi dire qu'une vie qui ne sait remercier s'abîmera bientôt dans la morosité. C'est là ce que suggèrent deux phrases anodines de Dostoïevski qui, parce qu'elles ressemblent à certains passages de son œuvre, passent inaperçues. À son époque démoralisée et démoralisante, Dostoïevski, à travers ses personnages de roman, avait pris l'habitude de demander : « Si Dieu n'existe pas, tout n'est-il pas permis ? » La question mérite d'être posée mais elle est beaucoup moins forte que celle que Dostoïevski ose dans la bouche d'Ivan, un des trois frères Karamazov : « Si Dieu n'existe pas, qui l'homme devra-t-il remercier ? À qui pourra-t-il adresser son hymne de louange[1] ? »

La critique qu'on pourrait faire à Nietzsche, dans la perspective même qui est la sienne (celle d'atteindre le plus plein contentement d'exister), serait en effet celle-là : l'humanité,

---

1. Fédor Dostoïevski, *Les Frères Karamazov*, *op. cit.*, quatrième partie, livre onzième, section IV « L'hymne et le secret », p. 470.

une fois qu'on l'a privée d'un dieu à qui destiner son action de grâces et son hymne de louange, n'est-elle pas vouée à se clore sur elle-même, dans une illusoire suffisance, interdite désormais du goût des choses et de leur partage ? Tout le monde l'a remarqué : la communauté des hommes heureux, libres et chantants, n'est pas celle des sociétés déchristianisées dont les villes tentaculaires sont saturées de haine et d'impatience chaque fois que débutent les soldes d'été et la course aux cadeaux de Noël. La communauté des hommes heureux est peut-être celle de ceux dont l'audace est de chanter chaque dimanche, voire chaque jour, qu'il pleuve ou qu'il vente, qu'il tombe des rayons de soleil ou des bombes, la joie commune d'avoir un jour vu le jour. À présent, on ne veut plus entendre ces hymnes de louanges ni surtout y joindre sa voix propre : on ne veut pas se compromettre à un bonheur si proche et si gratuit. Comme l'exige Nietzsche : il faut du lointain, non du prochain[1]. On veut désormais un bonheur difficile, dont il est possible de s'enorgueillir pour mieux s'en culpabiliser. On ne veut du bonheur qu'à force de travail, de régimes ou d'excès, de festivités devenues obli-

1. *Ainsi parlait Zarathoustra*, Première partie, « De l'amour du prochain ».

gatoires. Ce serait trop facile, sinon[1]. On a tué la joie en interdisant d'en rendre grâces.

1. Il y a quelque chose de démoniaque à refuser le don gratuit auquel l'action de grâces permet l'accès : ce refus est le fait d'une volonté qui craint d'être déprise d'elle-même et qui, par un sursaut d'amour-propre, se ferme à la grâce. Comme l'écrit avec beaucoup de bonheur Fabrice Hadjadj : « Ce qu'il [le diable] redoute [...] n'est pas la réclusion de l'enfer puisque c'est le lieu que de toute sa force il a élu pour domicile. Ce qui le fait trembler, ce qui le tourmente, c'est l'approche de la joie, cette joie que Jésus vient par sa croix donner gratuitement. La pression sur lui de ce bien gracieux auquel il s'est fermé pour toujours provoque sa peur et son indignation. Car la joie en question doit déchirer notre contenance en une louange sans fin. Horrible blessure au flanc de l'amour-propre. » (*La Foi des démons ou l'athéisme dépassé*, Salvator, Paris, 2009, p. 86.)

LES BRAS OUVERTS

Avons-nous le droit d'être heureux ?

Le christianisme est la religion de ceux qui, ayant un jour connu un excès de joie, ayant pleinement goûté « la joie fragile et impérissable d'être né[1] », ont ressenti l'irrépressible besoin non seulement d'entretenir cet état de grâce mais, ce qui finalement est la même chose, d'en remercier. Dieu se découvre dans le sentiment de gratitude. Et ce sentiment s'entretient par la vie sacramentelle. Tout, dans la religion chrétienne, dit le Dieu donateur, le Dieu relation, la joie d'avoir reçu et de pouvoir ainsi donner. Et tout ce qui ne dit pas cette Bonne Nouvelle, qui est le cœur du message du Christ, est nommé chrétien par erreur. On n'est pas chrétien pour telle ou telle raison : pour se rassurer, pour se consoler, pour donner un sens à sa vie (si d'ailleurs on le donne, ce sens, c'est

1. Maurice Bellet, *La Traversée de l'en bas*, *op. cit.*, p. 137.

qu'il n'en a pas...). On est chrétien comme la fauvette grisette chante : ni le chrétien ni la fauvette n'ont le choix, il leur faut dire quelle joie est la leur.

Il est donc utile de rappeler qu'on se trompe de religion quand on fait du Dieu chrétien celui qui interdit à l'homme le bonheur sur terre. Comme l'écrit Paul Beauchamp en commentant la Genèse : il faut, comme Ève, avoir succombé à la perversion du langage pour déduire de ce que Dieu n'a pas tout donné à l'homme (préservant l'arbre de la connaissance de son emprise) qu'il ne lui a pas donné le tout et qu'ainsi il lui a tout refusé. Car au contraire, tout homme a originellement été donné à lui-même, de façon parfaite, absolue, sans contrainte de retour.

La raison pour laquelle on a trop vite fait de remplacer le Dieu donateur en un Dieu créancier et de substituer une relation de reconnaissance à celle d'une dette contraignante, la voici : le bonheur fait peur. On s'y refuse le droit. En un sens, ce refus a son importance : on l'a signalé, si le bonheur est un dû, son goût nous en est ôté. Il n'y a de bonheur que dans la relation. Cela admis, toute joie devrait trouver en notre cœur droit de cité. Quelque chose nous retient, pourtant : a-t-on le droit de rayonner de joie tandis que d'autres souffrent ?

Consentir à la vie, n'est-ce pas consentir au mal qu'on fait sur terre, de telle sorte que la seule posture existentielle honnête qui soit serait celle d'une intarissable inquiétude, nourrie par l'angoisse de ce que les grands moralistes du vingtième siècle (Sartre ou Levinas, pour ne citer qu'eux) nomment la « responsabilité infinie » ? Tout sourire, en un sens, serait criminel. On ne saurait sans impudeur être heureux après Auschwitz, Hiroshima, le massacre du Rwanda et tant que l'ordre mondial ne sera pas renversé. De même qu'on ne peut dormir que d'un œil, puisque seul l'égoïste jouit du sommeil du juste, de même ne devrait-on jamais consentir pleinement à la vie.

La sublimité morale de cette posture n'est pas en cause. Mais précisément parce qu'elle est sublime, cette posture morale ne distingue pas assez la « conscience tranquille », qui traduit un déficit de conscience morale, et la « bonne conscience » : si la première est à déloger d'elle-même, afin que l'homme s'ouvre au monde, la seconde n'est pas à rejeter. La bonne conscience est à accueillir, comme une récompense : le chirurgien qui a fait le geste qu'il faut pour mettre hors de danger, le passant qui a offert une aide providentielle, la femme de ménage qui ferme derrière elle la porte de l'école avec le sentiment du travail bien fait, chacun est fier et peut l'être. Car de même qu'il faut distinguer conscience tranquille et bonne conscience, il faut distinguer la fierté de l'orgueil : chirurgien, passant, femme de ménage sont fiers, mais non point orgueilleux. Ils le seraient, au contraire, s'ils se refusaient à la fierté avec ce noble prétexte que le geste qui sauve ou qui soigne n'a pas sauvé ni soigné toute l'humanité. S'il faut faire tout ce qu'on peut, on ne peut jamais faire que ce qu'on peut. Comme il y a un certain orgueil dans l'excès d'humilité, il y a beaucoup d'humilité dans la fierté.

Il est donc permis d'être heureux. Il faut se méfier de toute tristesse, même nourrie des meilleures pensées. Il est plus facile qu'on ne croit de prétexter du malheur des hommes afin de n'être soi-même jamais heureux. Il y a une jouissance malsaine à rappeler combien il y a de faits divers sordides et d'injustices dans le monde, justifiant qu'on se ferme à la saveur des êtres. Devant leur bonheur, les hommes, souvent, regardent ailleurs : comme s'ils avaient peur de céder, de plier le genou, de se convertir enfin à la douceur de vivre et à ce que réclame de révolution intérieure l'acceptation que la vie a un sens. Aussi assiste-t-on à des scènes étranges où l'homme se refuse à voir ce qui s'offre à ses yeux : tandis que sa petite fille dort dans ses bras, parfaitement abandonnée, un homme vous explique qu'il n'y a dans le monde que rapport de domination ; après avoir embrassé tendrement ses enfants, cet autre rejoint les invités de la soirée pour leur soutenir que l'être humain n'est jamais qu'un paquet de nerfs et d'os, et la vie une belle farce. « Il n'y a qu'à voir la violence, chaque soir aux actualités ! » protestera-t-on en général contre l'espérance.

Aussi méfions-nous tout autant d'une certaine compassion que du cynisme qu'elle nourrit souvent : il s'y cache la belle excuse de ne pas vivre et de ne pas aimer selon toute notre mesure. On se réfugie dans l'horreur des actualités télévisées comme en un doux prétexte pour ne pas donner à notre existence l'engagement et l'amour qu'elle exige.

Je suis heureux, il fait soleil

Faut-il pour autant nier le mal ?

Durant mes dernières années d'étude, alors que s'opérait en moi le lent travail de la grâce par lequel un cœur s'ouvre à la beauté des êtres et se trouve soudain saturé de la joie folle de vivre, je suis tombé, au hasard de mes nuits de travail, sur une chanson radiodiffusée, chantée en public d'une voix frêle, accompagnée à la guitare seulement, sur un poème du parolier Jean-Roger Caussimon. Je fus saisi par son message limpide et cependant profond, naïf, certes, mais sans rien sacrifier au simplisme. La chanson, interprétée par Sylvain Vanot[1], commence par une réserve qui n'est que rhétorique : « *De la chanson à la prière / Il y a loin et cependant…* » Cependant, prière et chanson se touchent en un point : la louange.

« *… Il y a loin et cependant / À chaque matin de lumière / Je retrouve une âme d'enfant / Qui se recueille et s'émerveille / Je suis heureux, il fait soleil.* » Vient alors une seconde réserve : « *Et pourtant ?* » Car a-t-on le droit de s'émerveiller, tandis que : « *Dans ce journal que l'on m'apporte / Je pourrai lire noir sur blanc / Les faits-divers, en lettres mortes…* » L'émerveillement, pourtant, persiste : « *Tout ce flot de pleurs et de sang / Roule comme il roulait la veille / Je suis heureux, il fait soleil.* » Et la chanson de s'installer dans la tension impossible entre le bonheur d'être et la conscience du malheur des hommes, entre la froideur de la mort et la douceur de vivre : « *Je suis libre, je bois, je mange / En prison, pleure un innocent / Sur la rive asséchée du Gange / Un enfant s'endort doucement / Sous l'œil sec du vautour qui veille / Je suis heureux, il fait soleil / Et pourtant ?* »

1. *Il fait soleil*, Virgin France, 2002.

Soudain, on ne sait plus très bien ce que l'adverbe « pourtant » vient circonscrire, à quoi le bémol est mis, si c'est à ma joie de vivre ou, au contraire, à la douleur d'avoir à garder l'oreille ouverte : « *Notre seul pays c'est le monde / On y oublie, de temps en temps / Qu'ici et là, le canon gronde / Mais qui veut l'écouter, l'entend / Il suffit de prêter l'oreille / Je suis heureux, il fait soleil...* »

La dernière strophe ne résout rien de cette tension. Ce faisant, pourtant, elle semble autoriser le bonheur simple pris à la vie, quand bien même on aurait une parfaite conscience du malheur des hommes. Ce qui peut se lire et se dire aussi comme suit : il est essentiel d'écouter le malheur des hommes, car notre joie de vivre ne saurait en être amoindrie. De toute façon nous l'avons déjà dit : il faut aimer la vie pour vouloir la défendre, il faut la trouver précieuse pour entendre, ne serait-ce qu'entendre, le mal qu'on lui fait.

Tenir l'écart entre la joie d'être et la conscience du mal des hommes : c'est à cela qu'il faut s'employer. Un tel écart, il faut le dire avec Jean-Roger Caussimon et, comme Sylvain Vanot, le chanter. Car dans le chant les contradictions s'abolissent : le chant a toujours quelque chose de la réconciliation, même quand il s'agit, comme en de nombreux psaumes, de moduler un cri de désespoir :

Que pour l'abîme, il appareille
Ce temps de misère et de mort
Où nos joies, de honte se payent
Et que je chante sans remords
Simplement, comme fait l'abeille
Pour tout le monde
Il fait soleil…
Soleil ?

Posséder dans le détachement

Offrant à l'homme un Dieu à qui adresser son hymne de louange, la religion chrétienne a ce dernier attrait qui achève d'en faire le lieu du parfait consentement : elle sauve l'humanité de ce qui menace sans cesse de la défigurer, à savoir : son abrupt désir de posséder, de dévorer, de se clore peu à peu sur la consommation de toute chose. L'action de grâces, que rend possible la foi en un Dieu personnel et donateur, permet en effet de penser une jouissance qui ne soit pas prise dans la logique de l'appropriation. Remercier, c'est en effet recevoir sans se replier sur la dévoration de ce qui est reçu : par la reconnaissance, je suis toujours déjà lié aux autres. Par elle, je jouis, certes, puisque j'ai accès à ce qui m'est donné. Mais, dans cette jouissance même, je continue de me tenir, ouvert, dans l'espace du don. Dans cet espace, se trouve mon donateur, celui qu'on appelait autrefois « mon obligé » pour dire le lien que la gratitude conserve[1]. S'y trouvent aussi tous ceux avec qui je partage la joie d'avoir reçu : la conscience de recevoir ce que j'ai m'interdit de m'en croire l'unique dépositaire. La question rhétorique de saint Paul : « Qu'as-tu que tu n'aies reçu ? », antidote à l'orgueil où nous met la notion de mérite, incline à laisser circuler ce qu'on possède. Comme l'écrit avec justesse Jacques Dewitte[2] :

> L'*avarice* et l'*ingratitude* sont étroitement liées en tant qu'attitudes existentielles. On constate souvent que les ingrats sont aussi des avares, et *vice versa*. Celui qui, par une sorte d'infirmité, est incapable d'éprouver de la reconnaissance ne saura jamais donner : il restera avare. Mais aussi inversement l'ingratitude est une sorte d'avarice spirituelle (et peut-être sa forme originaire). J'ose affirmer que la première forme de générosité, c'est la gratitude, la capacité à éprouver et à exprimer de la reconnaissance. Elle est pour ainsi dire la présupposition et la préfiguration de tout don ultérieur.

---

1. Le mot « obligé » vient du latin *ob-ligare*, « être lié à ».
2. *La Manifestation de soi, op. cit.* p. 234-235

La logique de la reconnaissance est donc à l'opposé de celle de la consommation, c'est-à-dire de la sommation d'une chose par mon appétit : la consommation est dévoration solitaire, l'autre n'existant que comme la menace de l'interrompre, tandis que la reconnaissance est, même dans la jouissance solitaire, ouverture et partage. Par voie de conséquence, et contrairement à ce qu'en disait Nietzsche, l'action de grâces a la vertu de sauver le plaisir pris à exister de toute culpabilité. Rendue relationnelle par le *merci* qui brise son autisme, la possession est sauve de toute fixation, de toute obsession, de l'angoisse de prendre ou de ne rien perdre. Quand le consentement est remerciement, le désir jaloux de posséder meurt et laisse place à la joie de goûter. Mais écoutons plutôt cette petite histoire :

> Un jeune moine ne cessait, sur le chemin de la sagesse, de progresser. Un jour, pourtant, une pensée vint prendre place dans son esprit à l'exclusion de toutes les autres : manger l'un de ces gâteaux dont il se régalait enfant et qu'une petite boutique, située en contrebas du monastère, propose depuis peu aux passants. Il ne pouvait plus se départir de cette pensée. Il secouait la tête mais elle y adhérait. L'effort même pour n'y penser pas la lui rendait présente.

Il prit la résolution d'en parler à son maître spirituel. Afin d'en épuiser le fantasme, et sachant que la réalité déçoit toujours l'imagination, celui-ci lui donna une pièce et l'invita à descendre à la boutique.

Le moine se régala. Il fut débarrassé de l'obsédante pensée. Un temps seulement. Quelques jours plus tard, il fut rendu à sa gourmandise. La torture qu'il endura n'en fut que plus forte : la saveur de ces gâteaux lui revenait en rêve comme au travail.

Piteux, coupable, honteux, il revint voir son supérieur. Celui-ci prit le temps de la réflexion puis lui conseilla ceci : retourner acheter un de ces gâteaux. Le manger, de nouveau, à ceci près que, cette fois, il devra s'appliquer à le goûter pleinement, à remercier Dieu pour chacune de ses saveurs et pour les mains qui l'ont fait.

Le moine fut libéré.

La tentation, entretenue par la honte, aiguillonnée par la culpabilité, disparaît sitôt qu'on l'ouvre à l'espace du don. Ce qui est vrai des gâteaux l'est tout autant de la beauté prometteuse d'une silhouette. Le serment d'être fidèle à l'être aimé ne vide pas les rues des belles créatures qu'on y croise. La fidélité n'a de sens qu'à ce prix, qui est celui d'une épreuve surmontée. Aussi faudrait-il, chaque jour, s'arracher l'œil droit... à moins d'user du gauche :

de l'œil qui ne toise ni ne désire posséder. À moins d'apprendre, comme ce jeune moine, à posséder autrement que dans la possession : remercier Dieu, par exemple, pour la beauté des femmes et des hommes. Apprendre par là à toucher avec les yeux seulement, à laisser toute chose intacte : se réjouir de ce que cette belle femme existe, quoique l'usage, pour ainsi dire, m'en sera à jamais interdit. Emmanuel Kant parle, à propos du sentiment esthétique, de « plaisir désintéressé » : plaisir sans perspective de possession, en dehors de tout intérêt propre. Comme de se réjouir du bonheur des autres – en l'occurrence ici du bonheur de celui qui, ce soir, prendra dans ses bras la jolie passante et honorera sa beauté mieux que je ne pourrais jamais le faire.

Dans cette optique, on irait jusqu'à remercier Dieu de la beauté de ces pin-up dont les photos s'affichent sur les murs des garages, parce que l'harmonie de leurs formes est saisissante et que la générosité de leur courbe symbolise la vie. Dès lors qu'on ne leur fait pas promettre plus que ce qu'elles nous donnent ici et maintenant, notre regard est pur de cette possession que Jésus, dans le célèbre passage du Sermon sur la Montagne, condamne violemment. Qui parviendrait à être dans cet état de grâce devant un film pornographique aurait atteint, vis-à-vis de ce genre de séduction, une liberté parfaite. Soyons réaliste, pourtant : il est des objets qui appartiennent à la région du mal, par eux-mêmes, et non seulement dans le rapport qu'on entretient à eux. Dans la pornographie telle qu'on la consomme aujourd'hui, il ne se donne jamais que la possession violente : tel en est le principe, on ne saurait y déroger. On ne peut goûter à ce dont on ne peut que profiter, violemment. C'est en quoi les « libéraux » qui défendent l'« art pornographique » au nom d'un dépassement de la vieille morale se trompent. Il leur échappe que la morale, précisément, est le ressort du plaisir pris à ce genre de films : ce qui est jouissif, dans la pornographie, c'est que la morale soit mise sens dessus dessous ; c'est de voir un être humain devenir, sous nos yeux complices, le pur instrument de son propre désir ou du désir de ses partenaires. Ce qui est ici objet de jouissance, c'est que l'homme, mimant de prendre son pied, tombe de son piédestal, confirmant qu'il n'y a jamais eu, dans la tentative humaine pour dompter les bas instincts de dévoration, qu'un vain espoir. Un être purement amoral n'aurait qu'un attrait très mineur pour la pornographie : celui pour qui l'homme n'est rien n'éprouve aucun plaisir à la mise en scène de son effondrement.

Aussi est-il certains domaines qui exigent l'amputation oculaire telle que la recommande Jésus. Il faut se tenir à distance des abîmes. Les fenêtres de nos habitations sont assez grandes pour qu'y passent les téléviseurs. Les écrans plats ont sans doute été inventés pour mieux finir au bas de nos immeubles. Cela n'est pas être triste, coincé, peureux, que sais-je. C'est seulement que ce qui appartient à la mort doit mourir : là est une preuve de vie véritable[1]. La vie se prouve par ce grand désir que l'autre soit autre, au-delà de toute possession, et que l'homme soit pleinement homme.

« Tout en Lui est oui »

Le Christ en Croix a les bras ouverts : point d'orgue d'une vie passée à écouter, de ceux

1. Fabrice Hadjadj, dans *La Foi des démons* (*op. cit.*, p. 131 à 136), ne souscrit pas à l'idée selon laquelle il est des choses qui, par elles-mêmes, défigurent notre humanité : « Aucune chose n'appartient en propre à la malfaisance » écrit-il. Les arguments qu'il avance, comme la perspective qui est la sienne, sont d'une grande pertinence : il est toujours possible d'entretenir à une réalité quelconque un rapport fécond. Mais du moins trouve-t-il au « *dvd* de basse pornographie » pour seule fécondité celle « de caler une commode »…

qu'il rencontrait, quel est le Sauveur dont l'homme a besoin et à découvrir, à force de questions (dans l'Évangile selon saint Matthieu, Jésus en pose plus qu'il n'en reçoit), que lui-même était celui-là. Ces bras ouverts disent oui à tout, au doute, à la tentation, à l'épreuve, aux coups, à la mort. Chose extraordinaire : même la honte, cette honte que chacun a un jour éprouvée et durant laquelle on voudrait se dissoudre dans la matière afin de n'être plus, même la honte fut sanctifiée par la vie et la terrible mise à mort de Jésus. Dieu a mis ses pas dans la honte, la solitude, la colère et la mort : c'est donc qu'on peut aimer *jusque-là*. Folie d'une foi qui repousse de façon incessante la frontière où devrait s'arrêter notre adhésion à la vie : Jésus a tout connu, Dieu a par lui dit oui à tout. Tout connu « sauf le péché » précise la liturgie. Mais c'est dire deux fois la même chose : dire oui à tout, aimer jusque dans l'humiliation et la mort, c'est n'être jamais coupé du don de la vie. Comme le dit saint Paul en des formules lumineuses : « Le Fils de Dieu, le Christ Jésus n'a pas été indistinctement *oui* et *non*. Tout en Lui est *oui*. Toutes les promesses que Dieu a faites se disent *oui* en Lui. Aussi est-ce par lui que nous disons l'Amen à Dieu pour sa gloire[1]. »

1. 2 Co, 1 19-20.

Trop souvent, on inverse la perspective qui fut celle de la vie du Christ. On se dit : s'il a souffert en continuant, au cœur de sa Passion, à aimer, c'est que, pour connaître l'amour véritable et s'en montrer capable, il nous faut à notre tour souffrir. Ainsi la religion chrétienne prend-elle ce tour morbide que Nietzsche et bien d'autres ont su dénoncer. D'autant que les souffrances qu'on se choisit n'auront jamais la vérité de celles qui nous arrivent. C'est donc qu'il faut prendre les choses de l'autre côté : en aimant au cœur de la pire souffrance, le Christ nous enseigne que la joie n'a pas de frontières préétablies. L'accent est sur la joie, non sur la souffrance. C'est l'amour qui sanctifie la souffrance, non l'inverse. Il ne s'agit pas d'aspirer à être Etty Hillesum ou Christian de Chergé mais, comme elle et lui, de continuer d'aimer le sourire des enfants et l'innocence des hommes au cœur du martyre. C'est cela qui, dans leur vie et son achèvement, est passage pour la grâce. Jamais Jésus ne nous dit : quittez votre joie quotidienne pour de sombres supplices. Mais plutôt : croyez bien que la joie de votre vie veut se faufiler partout, qu'elle a le pouvoir de ne pas mourir sur les lieux de mort. On rit aussi dans les hôpitaux, dans les prisons et sur les champs de bataille. On y aime beaucoup. Cela doit nous encourager à ne pas imiter la logique du mal, qui veut nous voir fermés, cloîtrés, prisonniers de nos peurs.

Accepter d'être créé

Les bras ouverts du Christ sur la Croix étreignent l'humanité tout entière : il les fallait écartelés, ces bras, car l'humanité est immense, abyssale, pécheresse autant que splendide, étonnante autant que lassante. Chacun peut, à son niveau, entendre ce geste. Car Dieu ne tient pas le monde dans la paume de sa main, comme un maître qui décide de tout : sa relation au monde n'est pas celle-là. Son geste est d'ouvrir les bras à chacun, comme un serviteur, un père, un ami, pour ceux qui en ont besoin.

Mais qu'avons-nous à faire de bras continuellement ouverts ? N'avons-nous pas besoin d'un Dieu qui nous enserre, nous embrasse, et ce faisant nous délivre de nos peurs et de nos angoisses, de nos souffrances et de notre détresse ? Par l'ouverture de ses bras, le symbole de la Croix se refuse à cela : il raconte l'amour de dépossession, et non l'amour jaloux. Il dit l'amour qui donne l'homme à lui-même, qui lui donne de vivre ce qu'il a à vivre, et non cet autre amour qui, par précaution, empêche celui qu'on aime de souffrir, certes, mais aussi d'éclore et de vivre. L'amour de Dieu pour l'homme est un amour qui envoie, non qui retient à soi : à chacun désormais d'ouvrir son cœur et ses bras, jour après jour et quoi qu'il en coûte d'aimer. La souffrance qui s'y attache est une récompense.

Aussi pouvons-nous faire nôtres les mots de Simone Weil : « Accepter d'être créé comme Dieu accepte de créer, pour l'amour des autres créatures[1]. » Simone Weil a longtemps cru, au fil d'une pensée mystique d'une insondable profondeur, que le destin de la créature était, pour laisser place à Dieu, de souhaiter sa propre annihilation. Pour la philosophe française, Dieu, qui est tout, a consenti à ne pas occuper toute la place, afin que nous soyons. « La Création, pour Dieu, n'a pas consisté à s'étendre, mais à se retirer. Il a cessé de "commander partout où il en avait le pouvoir". » À quoi Simone Weil ajoute : « Ce mouvement est l'amour[2]. » Dans cette optique, notre mission, à nous créatures, est de répondre au retrait de Dieu par notre propre retrait : il faut consentir à ne plus être afin que Dieu soit à nouveau tout. Il faut refuser l'existence qui

---

1. *Œuvres complètes*, tome 6, volume 4, Gallimard, Paris, 2006, p. 25.
2. *Ibid.* volume 3, p. 396.

nous fut donnée : car en jouir, c'est faire écran à Dieu. « Plus je suis, plus Dieu abdique[1] », écrit-elle.

Quelle forme doit prendre ce refus d'exister que Simone Weil nomme la « décréation » ? S'agit-il de mourir ? Oui, mais en un sens que Simone Weil précise au fil de son parcours spirituel[2] : il s'agit, comme Dieu, de mourir à soi afin qu'autrui puisse, à la faveur de ce retrait, accéder pleinement à l'être. Mourir à mon bavardage pour que l'ami empêché de parler puisse accéder, par mon écoute, à la parole. Mourir à ma peur de n'être pas aimé, ou pas assez, afin de m'ouvrir à ceux que je néglige d'aimer. Mourir à mon désir de mourir, afin d'être pour mes proches une source de joie. Par là seulement on imite le retrait créateur de Dieu. Car par là seulement circule son amour.

Refuser l'existence, ce sera donc, dans le cadre de cette mystique de la décréation, finir par accepter cette existence, non point comme quelque chose qui serait dû à la créature, ni non plus comme quelque chose qui ferait écran à Dieu : mais comme ce par quoi je peux laisser

---

1. *Ibid.* volume 4, p. 246.
2. Pour suivre ce parcours, nous nous permettons de renvoyer à notre *Prier 15 jours avec Simone Weil*, Nouvelle Cité, Bruyères-le-Châtel, 2009.

circuler Dieu en ce bas-monde. C'est donc bel et bien cela dont il s'agit : « Accepter d'être créé, comme Dieu accepte de créer, par amour des créatures. »

Le temps de Dieu

Ces bras ouverts de Jésus sur la Croix n'embrassent pas l'espace seulement, mais le temps tout entier. Ils sont les bras continuellement ouverts du Père surprenant avec joie le retour de son fils prodigue. Cela nous indique quelque chose de précieux sur la temporalité divine : Dieu est patience. Il est consentement à notre histoire, à nos détours, à nos refus, à nos retards. Nos péchés, nos blessures, nos dégoûts, si nous y consentons, il en fait autant de failles par où passe la grâce. Par là il est un Dieu créateur : contrairement à la métaphore de l'artisan, trop souvent appliquée à Dieu, l'idée de création indique un perpétuel présent - et non point que les choses sont faites une fois pour toutes. Tout est matériau pour l'œuvre que Dieu crée. C'est pourquoi si l'homme est toujours près de s'éloigner de Dieu, Dieu, de son côté, est toujours prêt à le suivre. Nous le surprenons sur les lieux d'où nous croyions l'avoir congédié. Dieu a une entière disponibilité à ce qui se crée sous le règne chaotique de la liberté des hommes : il dit oui à tout, faisant de nos morts des perspectives de vie plus intense, fécondant tout au gré de son amour.

Pour le comprendre, servons-nous d'une analogie : un homme rencontre une femme. Ils ne sont pas faits pour être ensemble, cela est évident. Mais leur histoire respective les jette dans les bras l'un de l'autre. Lui trouve en elle, un temps, ce qu'elle trouve en lui : un soulagement à leur peine, un prétexte à retarder les questions essentielles, une illusion réconfortante. Rien qui puisse toutefois installer ce couple dans une relation durable. De leur union naissent trois enfants. Mais au fur et à mesure de leur vie commune, le malentendu se fait de plus en plus sensible : l'un et l'autre comprennent qu'ils étaient l'un pour l'autre un moratoire à leur détresse affective – rien de plus. Que faire ?

D'abord, ne jamais oublier (car ce sont des choses que les êtres humains oublient) que cette union a donné naissance à trois enfants. Par là, elle est indiscutable. Et indiscutablement bonne. N'aurait-elle été que malentendu, dès lors qu'un enfant naît, la relation se trouve justifiée. Nul regret à avoir, aucun remords pour donner à croire qu'il eût mieux valu que ces enfants ne fussent pas. On est mieux que rien.

Ces enfants, nés d'une histoire complexe, alambiquée, sont là, fascinants d'insouciance, se moquant du coup de vent qui, par hasard, a posé le pollen sur la fleur : ils vivent, sentent, grandissent, pensent, aiment et apprennent. Tout est bien.

Compte-tenu de cela, il est possible, pour cette femme et pour cet homme, de rompre ou de continuer. De continuer, oui, car aimer, pour un couple, ce n'est pas vivre un perpétuel amour (le sentiment, dans son intensité, est amené à varier). C'est croire en son histoire d'amour, parier, toujours, sur son sens : elle fut confiée à lui, et lui à elle. Cela engage. Aimer, c'est assentir à une histoire faite de bric et de broc mais qui eut le mérite de lier deux destinées *a priori* étrangères. C'est continuer d'écouter ce qui se dit, ce qui s'est dit, même dans le malentendu.

Et quand bien même ce couple choisirait de rompre, jamais pourtant cette rupture n'entamera la beauté de ce qui fut fait. Il y a certes le constat qu'on n'était pas fait l'un pour l'autre : mais il y a ces enfants. Ainsi Dieu : avec nos unions mal accordées, il fait de nouveaux enfants. Avec les enfances difficiles, il crée des poètes et des savants. Avec nos blessures, il nous ouvre à autrui. Avec nos péchés, il fabrique les grands retours. Avec les dissensions religieuses, il prépare de grands pardons. Toutes choses, souffrances, péchés, conflits, que Dieu ne saurait vouloir[1] : toutes choses qui peuvent à tout moment être reprises dans l'élément du sens, pourvu que l'homme, « pro-créateur », se rende disponible à ce qui sourd de tout détour. Tel accident de parcours est une chance, si j'en décide ainsi. Dieu est créateur et, comme l'artiste, découvre ce qu'il cherchait au moment seulement où il le trouve : il fait feu de nos égarements, féconde nos errements. Il ne s'agit donc que d'y tomber, dans ces bras perpétuellement ouverts.

C'est pourquoi quand on dit de Dieu qu'il est le « maître du temps » (*chronocrator*), ce ne peut être en ce sens qu'il surplombe le temps de son savoir et de sa puissance. Car s'il en était ainsi, Dieu régnerait sur un néant : si le temps est parfaitement maîtrisé, connu de bout en bout, il n'est plus le temps, il n'est plus ce qui advient, ce qui se crée, ce qui apporte avec

1. C'est l'erreur des mauvais métaphysiciens que de croire que Dieu puisse vouloir le mal en vue d'un plus grand bien, se servant de la souffrance des innocents en vue de l'harmonie totale du Tout. Pour prévenir d'un tel raccourci, Leibniz distinguait le bien que Dieu *veut* du mal qu'il *permet*, ce dernier demandant, pour être voulu de Dieu, d'être converti en bien (cf. *Discours de métaphysique*, § 7).

lui la nouveauté et l'à-venir. Être « maître du temps », cela doit donc s'entendre ainsi : Dieu, certes, sait tout du temps. Mais cela signifie qu'il connaît sa part irréductible d'indétermination et de suspense. Il sait la liberté que le temps permet : il n'y a liberté que là où nous pouvons créer, et il n'y a de création que dans le temps. Dieu consent donc à être dépossédé du devenir du monde – sans quoi, répétons-le, ce devenir n'est qu'un mot qui ne désigne rien. Aussi être maître du temps signifie non pas posséder le temps mais avoir le pouvoir, à chaque instant, de transfigurer les errances en autant de chemins. Être maître du temps, c'est avoir le pouvoir de pardonner et, ce faisant, de remettre sur pied. Paradoxalement, c'est, pour Dieu, donner le temps à l'homme de se tourner vers lui, parce que Dieu dit, à celui qui y croit, que lui ne se détournera jamais de lui. Ainsi sont pensées en même temps l'essence du temps (qui est nécessairement création d'imprévus) et l'idée que Dieu en est le maître.

Le non par excès

Dans ma vie, il est une chose qui m'a été d'un immense secours : l'amitié. Je suis de ceux qui sont saturés d'amitié, comme l'on peut être saturé de joie. Comblé de sœurs par ma famille, je le fus de frères par l'amitié. Ces amis ont ceci en commun d'être d'une profondeur à la limite du gouffre : ils peuvent abriter un amour exceptionnel, un savoir abyssal, une détresse inouïe. Abîmes d'humanité, dans nos longues discussions, ma parole rend l'écho de leur profondeur. Comme il en est pour ma famille, ma femme et mes enfants, j'ose à peine remercier d'avoir été un jour confié à eux, de peur qu'une telle louange me fasse éclater comme une simple bulle de savon.

C'est dire si je crois en la qualité de ces êtres qui sont mes amis. Or ce constat m'a fait voir une chose que j'ai par la suite pu identifier chez moi-même : il est un point où même l'homme le plus profond s'arrête d'aimer, se met à accuser, à mépriser, à détester. Chez l'un de mes amis qui goûte la poésie comme nul autre, qui sait lire à même l'époque le dessein de sa destinée, qui sait vous parler d'une musique mieux que vous ne l'entendrez jamais, tout à coup, à propos d'un art particulier, d'un genre musical ou d'un type d'hommes, la porte se ferme. Son âme dit non. Son amour se tarit. Comment un être ayant hérité, comme le roi Salomon, d'un « cœur intelligent », peut-il être en même temps cette parole qui préjuge, maudit, méprise, ignore ? Plus généralement, comment se fait-il que des hommes d'une profondeur exceptionnelle semblent soudain se crisper, se fermer à la grâce dont eux-mêmes rayonnent ? Nos grands hommes n'ont jamais manqué d'être parfois petits quand ils abordaient tel ou tel sujet : c'est Descartes et la glande pinéale, Hegel et la pétulance des nègres, Sartre qui, malgré l'excellence de ses analyses phénoménologiques, fut, en politique, un sourd qui a malheureusement omis d'être en même temps muet. Pourquoi donc l'âme se rétrécit-elle soudain ?

Cela a une cause : le réel offre plus à aimer, à comprendre, à accueillir que nous n'en sommes capables. Si nous méprisons tel style musical nouvellement apparu, ce n'est pas nécessairement par pauvreté d'âme mais parce que celle-ci a entrevu l'infinie beauté de la musique classique. Et réciproquement : les adeptes d'un nouveau mouvement musical, dont ils puisent leur force, mépriseront ce qui fut fait par le passé, faute d'avoir su voir quelle nourriture s'y trouvait. De même, nous rejetons telle religion parce que, pour le meilleur, nous sommes déjà comblés par la nôtre. Saturés des merveilles de ce monde, nous ne pouvons imaginer qu'il en est d'autres, encore et encore. Nous disons non, nous refusons, non pas toujours par petitesse, mais aussi par excès. Qui sait la profondeur du chant grégorien doit trouver le gospel tordu d'un Charles Mingus d'une étrange facture. Qui connaît la beauté du Dieu trinitaire doit trouver le ciel de l'Islam par trop éthéré. Il suffirait pourtant de s'intéresser à l'histoire du be-bop ou à la spiritualité d'Ibn'Arabi pour que le jugement devienne moins partiel. C'est certain. Mais la disponibilité peut manquer parce que l'âme, vouée à épuiser, si elle le peut, la richesse d'une musique ou d'une religion, a déjà reçu plus qu'elle ne pouvait.

C'est pourquoi les esprits qui volent à la surface des choses peuvent en aimer beaucoup : ne se posant nulle part, ils sont ouverts à tout. Mais aussi, ne se posant nulle part, ne sont-ils vraiment ouverts à rien. Leur amour est un nivellement : tout est bien parce que tout se vaut. Le malheur est que cette tolérance par ignorance est aujourd'hui préférée à la fermeture par plénitude. On a voulu la paix non pas par le dialogue entre de fortes singularités, mais en obtenant de chacun qu'il renonce à la sienne.

Voilà donc une belle et douloureuse aporie ! Il faut être inscrit quelque part. C'est là un accès à tout ce qui est profond dans ce bas monde. Mais cette inscription, nous saturant de joie, risque de nous fermer à l'inépuisable beauté du réel. Peu d'hommes arrivent à vibrer réellement au contact d'une tradition tout en soupçonnant que la même vibration saisit celui qui vit d'une tout autre tradition. On ne le peut que de se souvenir toujours, humblement, que le réel offre plus que tout ce qu'on en peut accueillir. Il ne s'agit pas là d'être relativiste : il y a certes des arts mineurs ou des religiosités malades qui méritent le mépris. Il s'agit seulement de comprendre ceci : ce qu'on doit mépriser, c'est d'abord la sûreté d'un jugement qui, quand il méprise, ne fait souvent que refléter la limite de son accueil.

Ainsi nous tiendrons-nous, joyeux et douloureux, les bras ouverts.

À qui possède, sera donné plus encore

Remarquons encore ceci : il est remarquable qu'on s'afflige de l'injustice de la vie quand le malheur s'abat soudain sur une famille heureuse, sur une mère comblée, etc. Car, pourrait-on dire : la roue tourne et il est juste que les gens heureux connaissent aussi le malheur. « C'est bien fait ! » comme dit l'enfant du petit malheur qui est arrivé à celui ou celle qui le taquinait quelques minutes avant. De même face aux malheurs des gens heureux : c'est bien fait, il y a une justice. Pourtant, sauf à vivre dans le ressentiment, la jalousie et l'aigreur, nous persistons à penser que les gens heureux méritent de l'être et de le rester. Sans même remarquer notre manque de logique et l'entorse qu'on fait aux lois de l'équilibre et des rétributions, nous inclinons à penser que le bonheur se paie de bonheur, que toute joie mérite salaire et qu'il faut sourire - et non souffrir - pour être belle.

Par cette joie prise à la joie, par cet espoir que le chant des âmes joyeuses engendre un écho perpétuellement repris, nous imitons la logique illogique de l'amour divin. Ce qui traverse toute la Bible, c'est en effet la logique du surcroît : aimez, réjouissez-vous, ayez le cœur et les bras grands ouverts, et, en plus de cette joie, vous aurez aussi ce que, par humilité ou simplicité, vous n'oseriez même pas demander. Quand Jésus, dans le Sermon sur la Montagne, conclut sa déclaration de paix et son appel au calme par ces mots : « Cherchez d'abord le Royaume de Dieu et sa Justice, le reste - vêtements et nourritures - vous sera donné par surcroît », il fait sans doute allusion au songe de Salomon - songe durant lequel Dieu apparaît à Salomon et, en une formule impérative qu'on peut entendre selon différents sens (comme un ordre, une devinette ou, à l'opposé, une allégeance), lui dit : « Demande ce que je dois te donner. » À quoi Salomon répond : « un cœur qui écoute ». C'est-à-dire, littéralement, un cœur qui accueille, espère ou obéit (aux sens de l'espérance et de l'obéissance que nous avons suggérés plus haut). « Il plut à Dieu que Salomon fît cette réponse. Il lui dit : "Parce que tu as demandé cela, et non de longs jours, richesse, domination des ennemis [...], même ce que tu n'as pas demandé je te le donne aussi : richesse et gloire, comme personne ne les a eues avant toi[1]." »

Comment comprendre cette logique de la surabondance que Matthieu ramasse en un de ces paradoxes dont Jésus était coutumier : « À celui qui a, il sera donné plus encore ; à celui qui n'a rien, il sera enlevé même ce qu'il possède[2] » ? La réponse pourrait être la suivante : celui qui ne demande rien, qui accueille ce qu'il a, a tout pour recevoir. Comblé, il l'est déjà. Mais, en vertu de sa disponibilité à ce qui se donne, il le sera plus encore. On ne prête qu'à ceux qui sont assez pauvres pour se réjouir de ce qu'ils ont déjà.

Il ne s'agit donc pas d'abord d'être heureux d'être ceci ou cela (riche, beau, en excellente santé, père ou mère de tant d'enfants...) mais d'être heureux d'être. Et si, d'aventure, la

1. 1 R 3, 4-15.
2. Mt 25, 29.

richesse et la santé, la beauté et la prospérité me sourient, ce sera par surcroît. Ce qui n'implique pas de ne pas désirer les biens de ce monde : la fécondité, la vie sociale et la santé sont désirables. Il s'agit seulement de ne pas faire dépendre notre bonheur d'eux : le bonheur doit venir de plus loin - ou de plus près : joie de vivre, ce bonheur coïncide avec le souffle qui m'anime. Ainsi la vie réserve-t-elle son plus beau sourire à ceux qui, par grandeur d'âme, sont toujours prêts à le lui rendre.

EN GUISE DE CONCLUSION

Reçue avant toute demande, notre vie ne nous est pas d'abord familière. L'amour que l'homme heureux lui porte est le fruit d'un travail sur la façon dont il prend les choses - ou plutôt : sur la façon dont il apprend à moins prendre les choses pour les accueillir mieux. « L'amour aussi doit s'apprendre » : ainsi se conclut un aphorisme où Nietzsche compare la vie à une musique de prime abord rebelle à notre goût. Les disques qu'on a appris à aimer, parce qu'ils nous ont d'abord résisté, sont ceux que l'on aime encore, des années après. Ceux qui nous ont facilement séduits nous ont aussi rapidement lassés :

> Voici ce qui nous arrive dans le domaine musical : il faut avant tout *apprendre à entendre*, une figure, une mélodie, la reconnaître à l'oreille, la détacher, l'isoler et lui reconnaître une vie propre ; mais ensuite il faut encore de l'effort et de la bonne volonté pour la *supporter*, en dépit

de son étrangeté, et user à son égard de la patience, de la tendresse pour tout ce qu'elle a de singulier ; - vient enfin le moment où nous y sommes *habitués*, où nous l'attendons, où nous sentons qu'elle nous manquerait s'il arrivait qu'elle fasse défaut ; désormais elle ne cessera pas d'exercer sur nous sa contrainte et son charme jusqu'à ce qu'elle fasse de nous ses amants humbles et comblés, qui ne veulent rien au monde que cette mélodie. - Mais ce n'est pas seulement en musique qu'il nous arrive ceci : c'est de cette façon que nous avons *appris à aimer* tout ce que nous aimons. Comme si nous finissions toujours par être récompensés de notre bonne volonté, de notre patience, de notre équité, de notre douceur à l'égard de l'étranger, en ces moments où l'étrangeté lentement quitte son voile pour s'offrir à nous dans une beauté indicible et neuve : - telle est sa *gratitude* pour notre hospitalité. Qui aime sa propre vie n'y sera parvenu que par cette voie : il n'en est pas d'autre. L'amour aussi doit s'apprendre[1].

Apprendre à aimer, c'est ouvrir la porte de son âme avant de soupçonner. C'est accepter de se taire et écouter. Nous n'aurons de ce monde que ce qui s'y donne déjà, à présent, au présent, comme le présent auquel nous ne

1. F. Nietzsche, *Gai Savoir*, § 334.

sommes jamais assez présents. Car aimer, enfin, c'est consentir à ne trouver rien à redire, à cesser d'interroger, pour donner à ce qui est étranger la grâce de l'accueil. Cesser d'interroger : c'est là ce que disent des mots de Tchekhov, un jour griffonnés dans un petit cahier et dont la source fut par moi perdue, ajoutant à la puissance de leur sens la saveur d'une grâce – comme tombés du ciel :

> J'ai compris qu'en amour,
> il faut, si l'on s'interroge,
> soit partir des sentiments les plus élevés,
> plus importants que le bonheur et le malheur,
> la faute ou la vertu…

Soit ne pas s'interroger du tout.

Table des matières

REMERCIEMENTS

Concernant ce livre, un silence bruissant de remerciements s'imposerait. Je prends le risque de le rompre, en remerciant plus particulièrement :

Cécile et nos enfants, de m'être si chers,

ma mère, dont l'intelligence du cœur est présente à chaque ligne,

Anne, ma relectrice et précieuse conseillère et Gabriel Raphaël Veyret, pour être venu me chercher et m'avoir fait confiance.

Éditions Salvator

Extrait du catalogue

M. Albright, *Dieu, l'Amérique et le monde*
J. Arnould et Jean-Didier Vincent, *La vie est-elle sacrée ?*
J. Audisio et A. Chiara, *Les fondateurs de l'Europe unie*
M. Aupetit et C. Clavé, *Découvrir l'Eucharistie*
M. Aupetit, *La mort, et après ?*
R. Backmann, éd., *Jérusalem, le rapport occulté*
J. Baruzi, *Saint Jean de la Croix*
E. Belluteau, *Aimez-vous comme je vous ai aimés*
E. Belluteau, *Quand la Bible parle du handicap. Un autre regard*
Benoît XVI, *Dieu est amour* (encyclique)
Benoît XVI, *Méditation sur Noël*
Benoît XVI, *Neuvaine de Noël*
Benoît XVI, *Méditation sur le Carême et Pâques*
Benoît XVI, *Méditations sur Marie*
Benoît XVI, *Saint Paul. Vivre du Christ et avec le Christ*
Benoît XVI, *Les Bâtisseurs de l'Église I et II*
G. Boissard, *Charles Journet*
A. Bonis, S. Dechavanne, M. Wabont, *La France cistercienne*
A.-L. Borghèse, *La Femme des Béatitudes : Mère Teresa*
J.-M. Bot, *Le Cantique des Cantiques*
F. Bouchard, *Le Saint Curé d'Ars*
F. Bouchard, *Sainte Bernadette*
F. Bouchard, *Sainte Jeanne de Chantal*
F. Bouchard, *Sainte Thérèse de Lisieux*
F. Bouchard, *Don Bosco. Par la force du cœur*
A. Bourdin-Revuz, *Le Dandylettante*
A. Bourdin-Revuz et V. Giroud, *Le Pari(s)-Jérusalem*
E. Bourgois, *Le Prix de l'audace*
H. Brunel, *Une année avec Marie*
G.M. Carbone, *L'Enjeu des cellules souches*
X. de Chalendar, *100 prières inspirées de l'Évangile*
X. de Chalendar, *Ils ont vu Jésus. 50 personnages de la Bible*
P. de Charentenay, *Regagner l'Europe*
G. Cholvy, *Un maître d'énergie spirituelle. Frère Exupérien*

Collectif, *Sagesse des monastères*
M. Cressent et F. Monfort, *L'espérance m'a saisie. Un accompagnement spirituel*
L. Dardanello Tosi, *100 prières pour ceux qui ont du mal à prier*
C. Delhez, J.M. Petitclerc, N. Deglin, *Tu peux changer le monde !*
C. Delhez, L. Joncheray, M. Terlinden, *Tu peux croire à l'amour !*
P. Dougherty-Martin, *L'Électrochoc spirituel chrétiens/musulmans*
J. Driscoll, *L'Alphabet du moine*
Ch. Fargue et L. Joncheray, *La Vraie Histoire de Noël*
G. Fazzini, *Le Livre rouge des martyrs chinois*
J. Fournier, *Paris, carrefour des saints*
F. Frost, *L'Église se trompe-t-elle depuis Vatican II ?*
G. Gilbert, *Cris de jeunes*
P. Giniewski, *L'Antijudaïsme chrétien*
I. Gobry, *Saint Thomas d'Aquin*
A. Grün, *Vous êtes une bénédiction*
A. Grün, *Diriger les hommes, les éveiller à la vie*
A. Grün, *Accomplir son humanité*
A. Grün, *À la source de la force intérieure*
A. Grün, *Que dois-je faire ? Face aux difficultés de la vie quotidienne*
E. Jacquinet-J. Nourissat, *Fidèles jusqu'à l'audace*
Y. Jausions, *Découvrir la prière intérieure*
Jean-Paul II, *L'Église en Europe*
Jean-Paul II, *Testament spirituel*
J. Kammerer, *La Baraque des prêtres à Dachau*
Thomas a Kempis, *L'Imitation de Jésus-Christ*
Y. Labbé, *La Foi et la Raison I et II*
A. Laurent, *Les chrétiens d'Orient vont-ils disparaître ?*
O. Lechner, *Grands-parents, transmettez votre foi*
N. Ledgin, *Ces autistes qui changent le monde*
M. Lefeuvre, *Scientifiquement incorrect*
M. Lefeuvre, *Le cerveau et la putain*
J.-M. Le Méné, *La trisomie est une tragédie grecque*
D. Long, *Un ange dans le rétroviseur*
N. Mackey, *Une avocate internationale au Carmel*

L. Malem, *Un Juif au Vatican*
Card. Martini, *Qui suis-je ? Qui es-tu ?*
A. Monestier, *La genèse du féminin*
D. Moulinet, *Guide bibliographique des sciences religieuses*
N. Nabert, éd., *Le Chant des profondeurs*
C. Ollivier, *100 prières des Pères de l'Église*
J.-M. Petitclerc, *Dire Dieu aux jeunes*
J.-M. Petitclerc, *Éduquer aujourd'hui pour demain*
J.-M. Petitclerc, *À la rencontre des jeunes*
Ch. Poirier, *Le Combat spirituel*
E. Poulat, *L'Université devant la mystique*
F.-X. Putallaz, *Le Dernier Voyage de Thomas d'Aquin*
K. Rahner s.j., *Homélies et Méditations*
J. Ratzinger, *La Collaboration de l'homme et de la femme dans l'Église et dans le monde*
J. Ratzinger, *Ils regarderont Celui qu'ils ont transpercé*
D. Rey, *Peut-on être chrétien et franc-maçon ?*
S. Rougier, *L'avenir est à la tendresse* (nouvelle édition 2005)
H. Schlier, *Sur la résurrection de Jésus-Christ*
F. Schlingensiepen, *Dietrich Bonhoeffer* (biographie)
B. Souchard, *42 Questions sur Dieu*
Card. D. Tettamanzi, *Nouvelle Bioéthique chrétienne*
X. Thévenot, *Éthique pour un monde nouveau*
H. Urs von Balthasar, *Qui est chrétien ?*
J. Vernette, *Sectes, que dire ? que faire ?*
G. de Villers, *Soigner le goût de vivre*
M. Wackenheim, *La Messe en 50 questions*
G. Watts, *Benoît XVI, son histoire*
F. Wolff et H.-J. Gagey, *Le mal nie-t-il l'existence de Dieu ?*
A. Zichichi, *L'univers a un Créateur*

Achevé d'imprimer le 6 juin 2014
sur les presses de
La Manufacture - Imprimeur – 52200 Langres
Tél. : (33) 325 845 892

N° imprimeur : 140452 - Dépôt légal : janvier 2011
Imprimé en France

Cet ouvrage a été composé
par Atlant'Communication
au Bernard (Vendée).